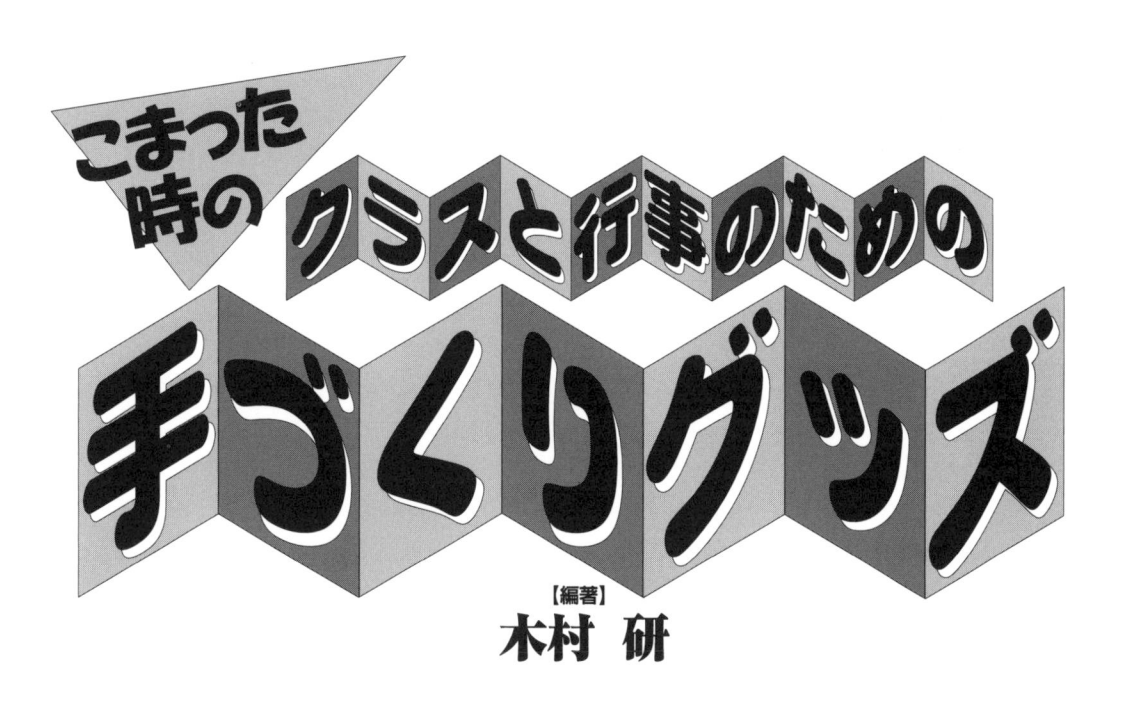

こまった時の クラスと行事のための 手づくりグッズ

【編著】木村 研

先生と子どもで楽しむ
工作べんり帳
コピーして使えるグッズ型紙付！

いかだ社

はじめに

　童話や絵本を書く他に、手づくり絵本や手づくりおもちゃの研究家、という肩書きをいただいているせいで、保育園・幼稚園・小学校の先生たちのところに講師として呼んでいただくことが少なくありません。
　今、子どもたちにたくさん遊んでほしい、と願っているボクは、子どもたちが「もう1回、もう1回」あるいは「もう1個、もう1個」と夢中になるものにこだわっています。「遊ぶ」ことでいろいろな"力"が身につく、と信じているからです。だから、子どもたちと関わりの深い父母や保育者、先生たちのところへは押しかけていってでも講師をしたい、と思っています。
　ボクのつくるかんたんな絵本やおもちゃがヒントになって、子どもたちがたくさん遊んでくれたら、こんな幸せなことはありません。
　この本は、保育や学校生活の現場で、こまった時に手がるに役立つ本ができたら、という思いから生まれた本です。知っておくと便利、つくっておけば大助かり、応用すれば子どもたちが夢中になる教材になる。そんな「お助けグッズ」を現場で活やくしている先生たちといっしょにつくりました。
　この本にでてくるグッズは、つくったところからがはじまりです。
　ボク自身、とても楽しみな本でもあります。

木村　研

ワンポイントアドバイス―――私の場合

　保育所で4歳児を担当した時、本書の中で紹介している「ガムテープのしんのあみ機」をひとまわり小さくつくったら、4歳児が夢中になってあみものをしました。おうちの人にマフラーをあむ子もいて、とても喜ばれました。
　また、お母さんたちとの懇談会でもあみものをやってみました。場がなごみ、話もすすみ、マフラーまででき、一石三鳥でした。
　もうひとつ、4歳児クラスから卒園児へのプレゼントをつくりました。恒例になっているチューリップの鉢植えですが、今年は近くの花屋さんから白い鉢をたくさんいただき、子どもたちが絵をかきました。卒園児にすてきなプレゼントができました。
　また、「チューリップがさいたよ」のハガキがとどけば、新年度の保育にも役立ちます。まさに、あると便利なグッズですね。おためしください。

笹川妙子

目次

はじめに　2

4月……
子どもたちをむかえて

壁面のかざりつけ　5
れんらく帳入れ　6
名ふだをつくっておこう　7
誕生表　7
ポケット式カレンダー　8
牛乳パックの小物入れ　9
　　ぼうし入れ　9
　　タオル入れ　9
　　くつした入れ　10
　　道具箱　10
インスタント絵本　11
　　自己紹介の本をつくろう　12
インスタントカメラ　13

誕生会
1人ひとりが主役だよ！

♥ポイント　15
おうちの方への案内状　16
内容を知らせる掲示　16
誕生児へのプレゼントカード　17
誕生児用「かんむり」　17
誕生児の「登場門」　18
おめでとうバッチ　19
おめでとうBOX　19
ケーキ　20
係の子用リボン　21
誕生会の進行　21
　　1　はじめのことば　21
　　2　誕生児登場　21
　　3　インタビュー　22
　　4　みんなからのプレゼント　22
　　5　ケーキ登場　23
　　6　誕生日の歌　24
　　7　出し物のプレゼント　24
　　8　おわりのことば　24

おばけやしき
（きもだめし大会）

♥ポイント　25
おばけやしき配置図　26
おうちの方への案内状　27
チケット　28
いろんなおばけ　28
大道具・小道具　31
こわがりの子のためのグッズ　32
屋外でのきもだめし大会　32
小学生への応用　33

お楽しみ会
（お店やさんごっこ）

♥ポイント　35
パンやさん　38
アイスクリームやさん　40
たこやきやさん　41
ハンバーガーやさん　42
やきとりやさん　43
魚やさん　44
やきいもやさん　44
アクセサリーやさん　45
写真やさん　45
銀　行　46
ケーキやさん　47
わたあめやさん　48
店員さんの衣装をつくろう　49

運動会

入退場門 トーテムポール式 52
うちわ 52
うちわのでんでんだいこ 53
ペットボトルのメガホン 53
牛乳パックのはりせん 54
クラスの旗 54
個人用プログラム 55
　かんたんな見開きタイプ 55
　ダルマがとびだすプログラム 55
　うちわタイプ 56
大きなプログラム 56
Tシャツを使ってひと工夫 57

ひなまつり

おひなさまになって写真をとろう 58
おひなさまのバッグ 59
紙コップびな 60
マトリョーシカおひなさま 62
ひなまつりカード 63

卒園・卒業の思い出グッズ

おめでとうBOX 65
ランドセル型カウントダウンカレンダー 67
思い出の等身大アルバム 69
「等身大アルバム」入れ 71
　あみ機のつくり方 71
　あみ方 72
卒園児にプレゼントの鉢植え 74
　鉢カバー 74
　チューリップの鉢植え 76
　お祝いカードもいっしょにつけよう 77
思い出ビデオ 78

いろんな行事で使えるお面

折り紙のインスタントお面 81
紙ぶくろのへんしんお面 82
箱の立体お面 83
おにのお面 84
玉入れおに 85
大型ゆらゆらおに 86

コピーしてつくれるグッズ型紙

インスタントカメラ用写真 88
名ふだ 88
自己紹介の本 89
ダルマがとびだすプログラム 90
ぼうし 91
折り紙のインスタントお面 92
大型ゆらゆらおに 93

4月……
子どもたちをむかえて

●4月、子どもたちをむかえる時、教室にどんなものを用意したらいいでしょう。

●不安と希望を胸に入園・入学してくる子どもたちをあたたかくむかえるグッズを紹介しましょう。教室にそろえておくと役立つグッズもね。

壁面のかざりつけ

春らしく子どもたちをむかえる気持ちでつくってみましょう。

リボンをむすんで両面テープや画びょうではるのもよい。

春らしい色の紙・布

パステル色の布を10mほど用意しておくと、リボンに結んで壁面をかざったり、周囲のものをカバーする時に便利です。

動物と季節の花をつくっておくと、その後も季節にあわせた花にかえることで長く使えます。

A 絵のとくいな人は、大きな紙に、かんげいの絵をかいてみましょう。

B 人物やキャラクターなど、色画用紙などでバラバラに切りぬき、紙にはりあわせてつくりましょう。

裏にダンボールをはって、立体感をだすのもいいですね。

きれいなひも

れんらく帳入れ

毎日使うものです。
子どもたちが自分で見てわかるようにつくっておきましょう。
ウォールポケット状にすればとっても使いやすいですよ。

つくり方

① キルティングなどの厚手の生地を使ってつくる。
② ポケットに、安全ピンで名前をつけておく（子どもが入れる時は、よめるようにつくるか、オリジナルのマークやキャラクターをつけておくとよい）。

手紙なども入れられるので、父母といろいろなやりとりもできるから便利です。

4月……子どもたちをむかえて

名ふだをつくっておこう

ロッカーやげたばこなどに名前をつけておきましょう。
かわいいマークやキャラクターをつけたり、いろいろ楽しく工夫してみて！

ワンポイントアドバイス

- 名前はぜったいまちがえないように注意して（よみ方の"思いこみ"はきけんです）。
- 1人ひとりのマークをあらかじめ用意しておく（面接の時などに子どもが自分の好きなマークを決めるとよい）。
- 文字や絵は油性ペンでかく（水性だとにじんでしまう）。
- ビニールテープに油性ペンで名前をかいておくとかんたん。多めにつくっておけば、ハサミやのりなどを使う時にも、すぐつけることができて便利。

誕生表

紹介をかねて、誕生表も用意しましょう。
名前と誕生日だけでなく、好きな食べものや、大きくなったらなりたいものなどをかくスペースもあるとよい。
スナップ写真などをはるのもGOOD。

ポケット式カレンダー

子どもたちの写真やプロフィールをカードにして、手づくりカレンダーをつくります。今月誕生日をむかえる子どもには印をつけて。

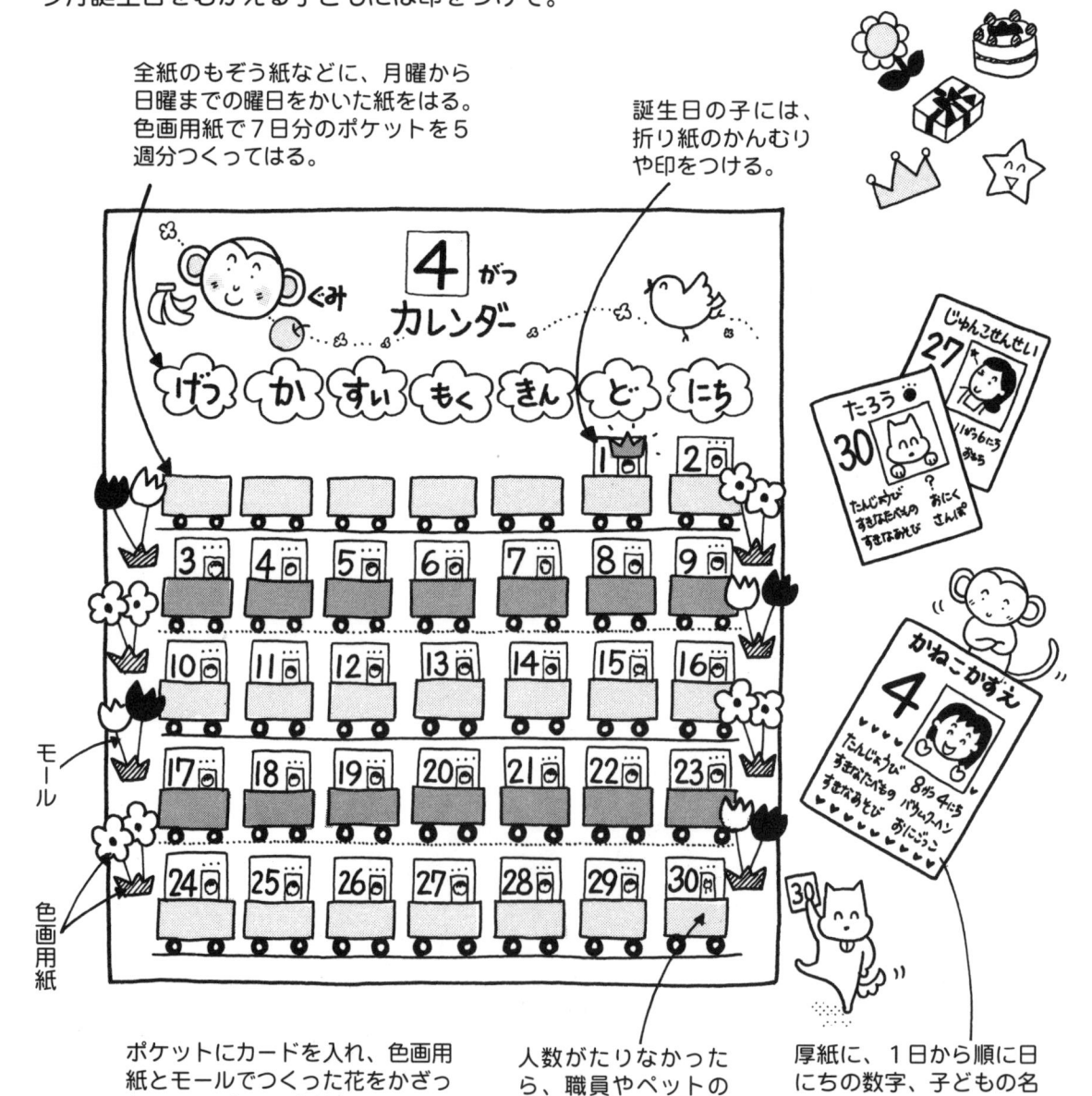

全紙のもぞう紙などに、月曜から日曜までの曜日をかいた紙をはる。色画用紙で7日分のポケットを5週分つくってはる。

誕生日の子には、折り紙のかんむりや印をつける。

モール

色画用紙

ポケットにカードを入れ、色画用紙とモールでつくった花をかざったり、マーカーで車輪などをかく。組や月をかいた紙もはる。

人数がたりなかったら、職員やペットの写真をはるのもよい。

厚紙に、1日から順に日にちの数字、子どもの名前、プロフィールなどをかき、顔写真をはる。月齢順や出席簿順でならべてよい。

4月……子どもたちをむかえて

他に、こんなものもいいですね。
→日めくりカレンダー
→月ごとに子どもの手づくりのものでつくる

牛乳パックの小物入れ

子どもたちの生活に、あると役立つグッズです。
パックをつなげると、1人ずつ仕分けができてとっても便利。
また、ぬれても大丈夫ですし、汚れたらさっと水洗いもできます。

ぼうし入れ

同じ大きさに切った牛乳パックを布ガムテープでつなげます。

ここに名前をかいたり、名ふだ（p7）をつける。

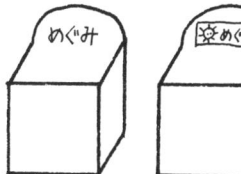

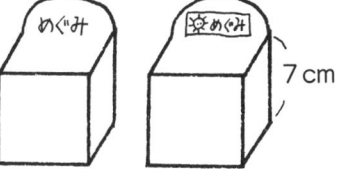

7cm

つくり方

① 子どもの人数分だけ、7cmくらいに切る。
② どんな型にするか決めて、ガムテープでまいてとめる。

A　1列か2列にする

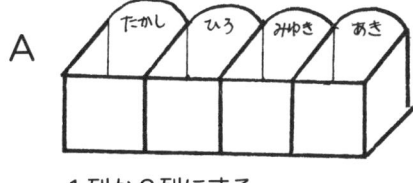

B　かたまりをつくる

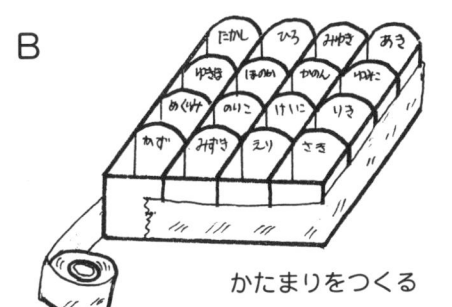

タオル入れ

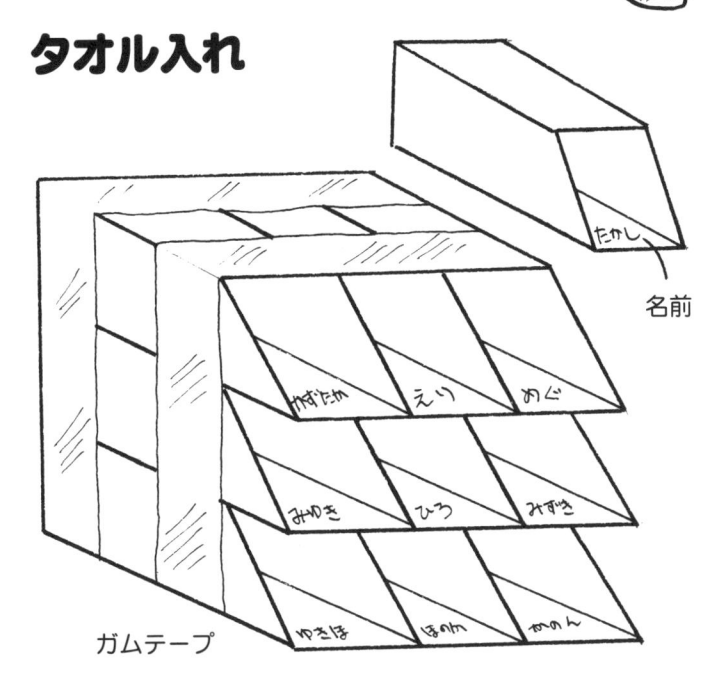

名前

ガムテープ

ななめに切ると、下の部分に名前をつけられ、よく見えて便利。

1リットルの牛乳パックに、浴用タオル1本を丸めて入れるとちょうどよい。

4月……子どもたちをむかえて

くつした入れ

300mlなどの小さいパックをならべて、布ガムテープでつなげます。

他に、赤ちゃんクラスのおしぼり入れ、エプロン入れ、名ふだ入れなどにも使えます。

個人の持ちもの入れの他、制作などする時の、輪ゴム、ビーズ、シールなどの小物を入れておくのにも使えます。

道具箱

注ぎ口はそのまま折りたたんでガムテープではるか、きれいに切りそろえて折りこんではる。

横に切ると、各自持ちのハサミ、えんぴつ、のりなどの道具を整理する小物入れに。

切り口はガムテープなどで補強するとよい。

周囲は紙やシール等をはったり、油性ペンで好きな絵や名前をかくと、"自分の持ちもの"とわかり、かわいらしくなる。

応用 フタつきの箱

注ぎ口はそのまま折りたたんでガムテープではるか、きれいに切りそろえて折りこみ、ガムテープではる。

横に切り、切りとらずにフタにすると、きれいな石や木の実など見つけた宝物入れに。

フタにベルトをつけたさしこみ式などがかんたん。

切るめやすに穴をあける。

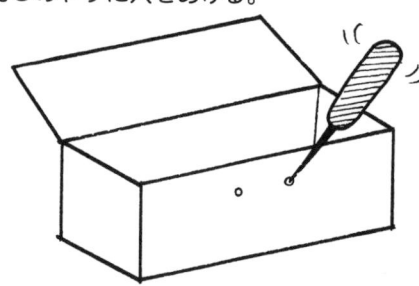

カッターで押し切りしながら切りこみを入れる。

ボンドではり、ガムテープでおさえておく。

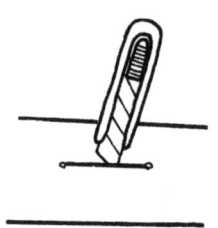

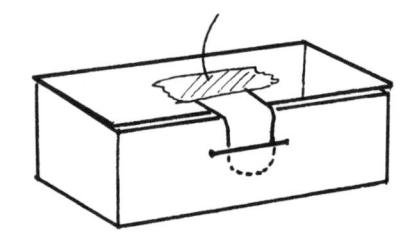

4月……子どもたちをむかえて

インスタント絵本

父母や子どもたちに自己紹介することが多い時期です。
かんたんにできて楽しい自己紹介絵本を紹介します。
父母に渡したり、子どもに読んであげたり、いっしょに
つくってもいいですね。

つくり方

① 紙を図のように8つに折り、AからBに切りこみを入れる。
② 長く半分に折り、AとBをくっつけるように折りたたむ。
③ 折りたたむとできあがり。

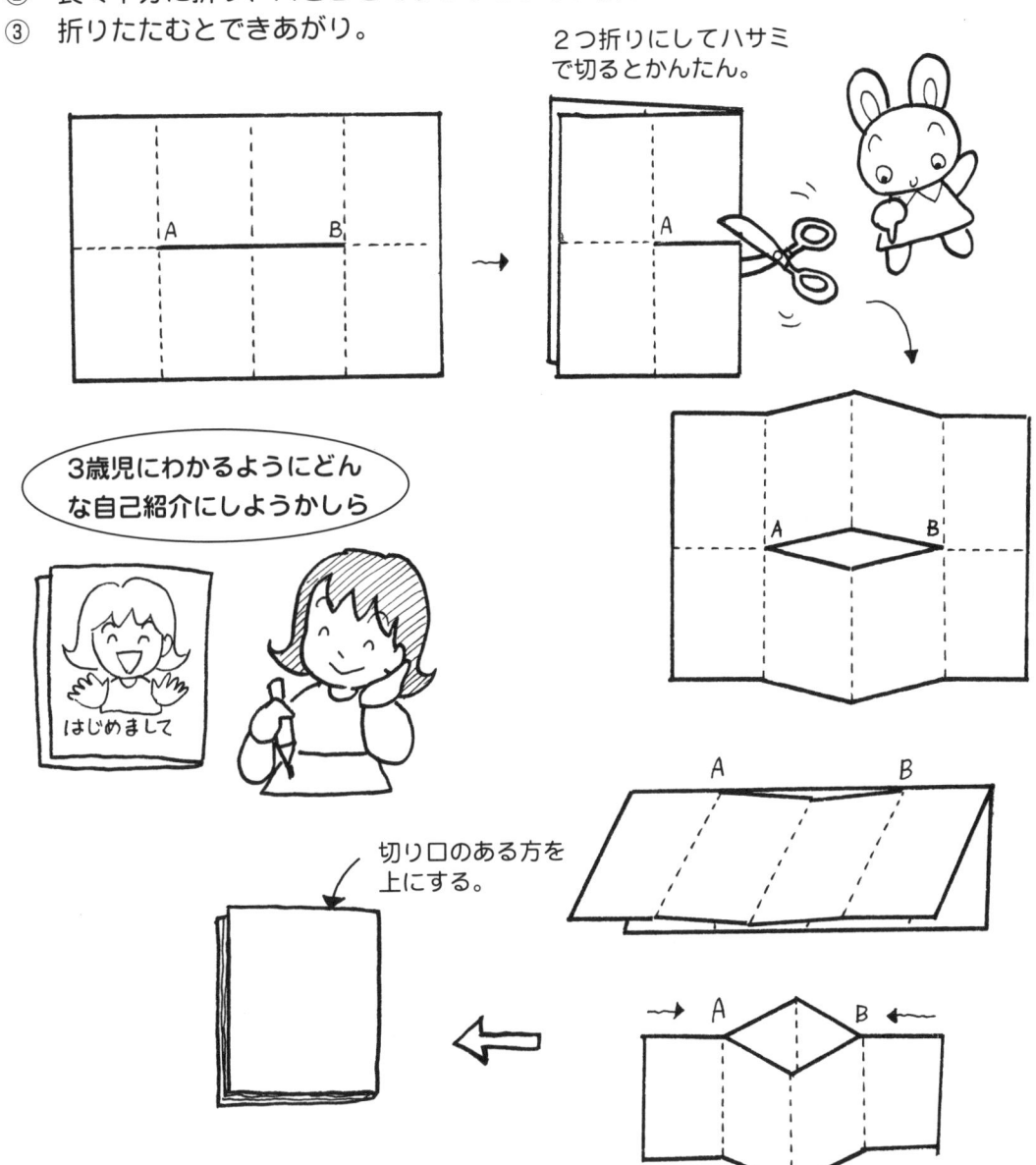

2つ折りにしてハサミで切るとかんたん。

3歳児にわかるようにどんな自己紹介にしようかしら

はじめまして

切り口のある方を上にする。

自己紹介の本をつくろう

① どちらを表紙にするか決める。

右開きにする時は、本文をたてがきにする。　　左開きにする時は、本文を横がきにする。

② たてがきか横がきか決めたら、表紙からかいていく。

絵本は折ってからかくとかんたんですが、印刷する時は、先に寸法をはかって、このようにかいてからコピーするとよいでしょう。

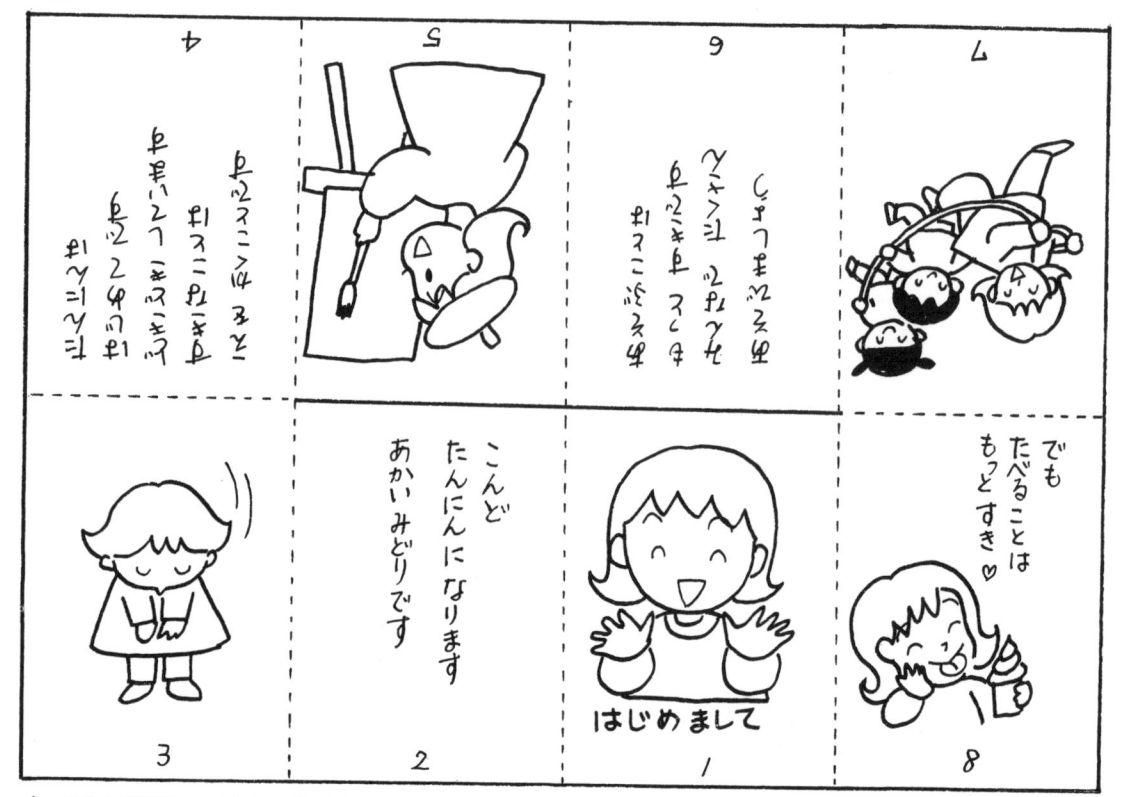

（p.89に型紙をのせています）

インスタントカメラ

先生は子どもたち全員の顔と名前を覚えなくてはいけませんが、
はじめて団体生活をする子どもたちにとっては、
顔と名前を覚えることは先生よりもっと大変なことかもしれません。
そんな時、このカメラをつくっておいて、おりにふれ
写真をとってあげたり、クイズに使ってみてはどうでしょう。
くり返し使うことで、きっとすぐに覚えてくれるでしょう。

まっ
わー
どー
だい

つくり方

① 牛乳パックを図のように切る。

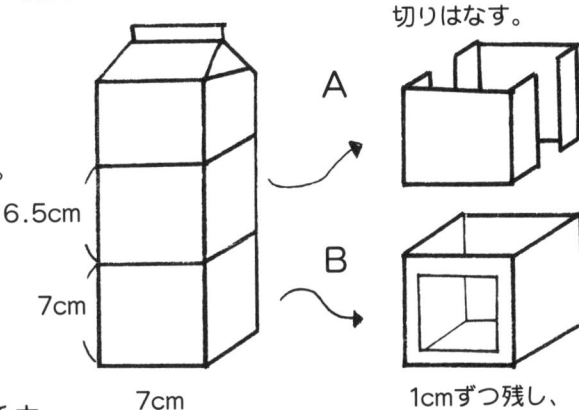

6.5cm
7cm
7cm

A → 切りはなす。

B → 1cmずつ残し、マドをあける。

② Bの中にA1枚を入れ、ホッチキスなどでとめる。

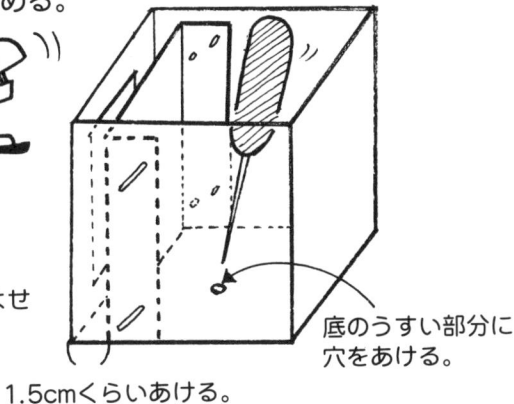

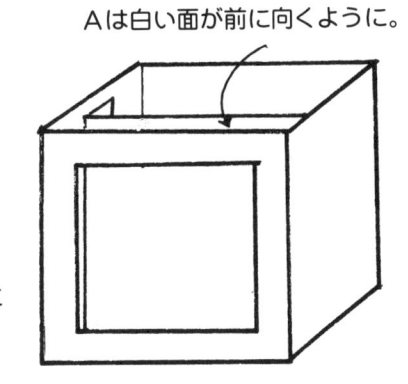

Aを前の方によせてつける。
1.5cmくらいあける。
底のうすい部分に穴をあける。

Aは白い面が前に向くように。

シャッター

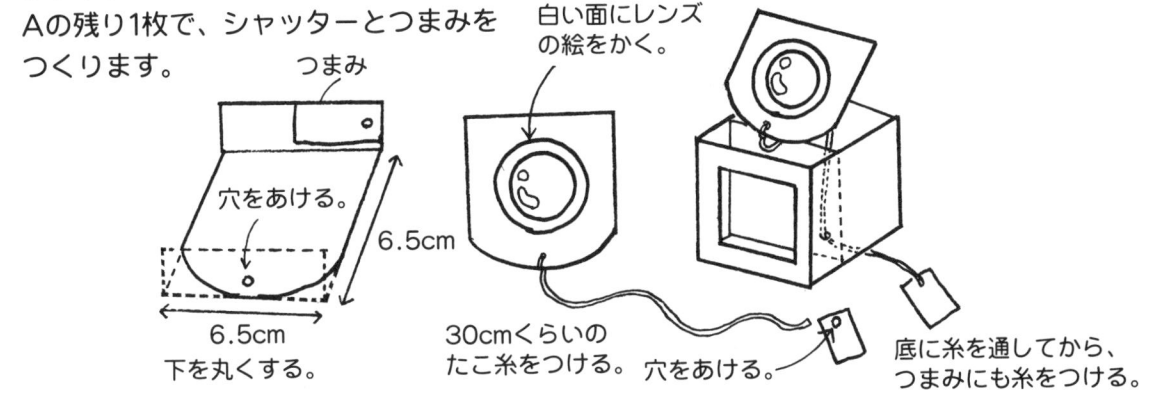

Aの残り1枚で、シャッターとつまみをつくります。

つまみ
穴をあける。
6.5cm
6.5cm
下を丸くする。

白い面にレンズの絵をかく。

30cmくらいのたこ糸をつける。
穴をあける。
底に糸を通してから、つまみにも糸をつける。

4月……子どもたちをむかえて

写真
画用紙などでつくります（6.5×6.5cm）。
先生ならクラスの子全員の分をつくりましょう。
子どもたちなら友だちや家族を。
本ものの写真を使ってもいいですね。
（p.88に型紙をのせています）

使い方

① マドに写真を入れる。
　シャッターの糸のついた丸い方を下にして、写真の前に入れる。

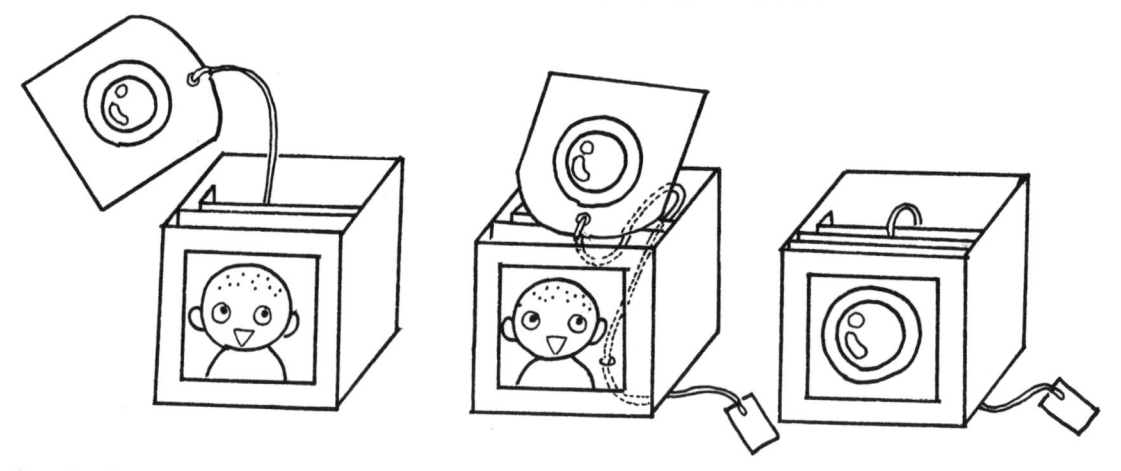

② 子どもたちに向かってカメラをかまえ、シャッターを下に引く。
　シャッターがきれて写真が出てくる。

名前を覚えるのに使おう！

ともちゃんしゃしんをとりますよ！

パチリ

このしゃしんはだれでしょう

ともちゃん

ともちゃんだー！

4月……子どもたちをむかえて

14

誕生会
1人ひとりが主役だよ！

➡年に1度の、その子にとっての大切な日です。みんなでお祝いしてあげたいのですが、どんな準備をしたらいいでしょう？

➡誕生会をより楽しいものにするプレゼント・道具・誕生カードなど、いろいろつくっておきましょう。おうちの方への事前の案内も忘れずに。

♥ポイント♥

主役は子どもたち！
「おめでとう！」とみんなで祝う気持ちと、「ありがとう」と喜ぶ気持ちを大切にしたいですね。あたたかな拍手で祝いましょう。会の途中で、歌や手遊びなど、子どもたちの得意なものを披露することも楽しく、会を盛り立てます。

乳児など小さい子の参加に心くばりを。
誕生児には低いイスや食卓イスを用意したり、泣いてしまいそうな子は先生やお母さんとだっこで安心して出られるようにしてあげましょう。人数が多い園は、乳幼児わかれての会も考えるとよいですね。

係の子（年長児や上級生）の活躍もキラリ！
係の子には企画から参加してもらって、子どもたちといっしょに会をつくるのもステキですね。

係の子
ピンクのリボン（フェルトとピン　つくり方はp.21）

「よーしっ」「がんばろう」「しっかりやるぞー」

「自分たちで会を支えるぞ！」というやる気とほこらしさがリボンでさらにパワーUP！

おうちの方への案内状

1カ月くらい前に、父母の方がたに配布しましょう。

内容を知らせる掲示

月はじめに、玄関などの目につきやすい場所に掲示しておきます。

ボード（のりパネル）

会の内容を記入

その月の全員の名前をのせる。

誕生会……1人ひとりが主役だよ！

誕生児へのプレゼントカード

「おうちの方から」「先生からのことば」「身長と体重」などを添えましょう。
クラスの仲よしの友だちからプレゼントしてもらいます。

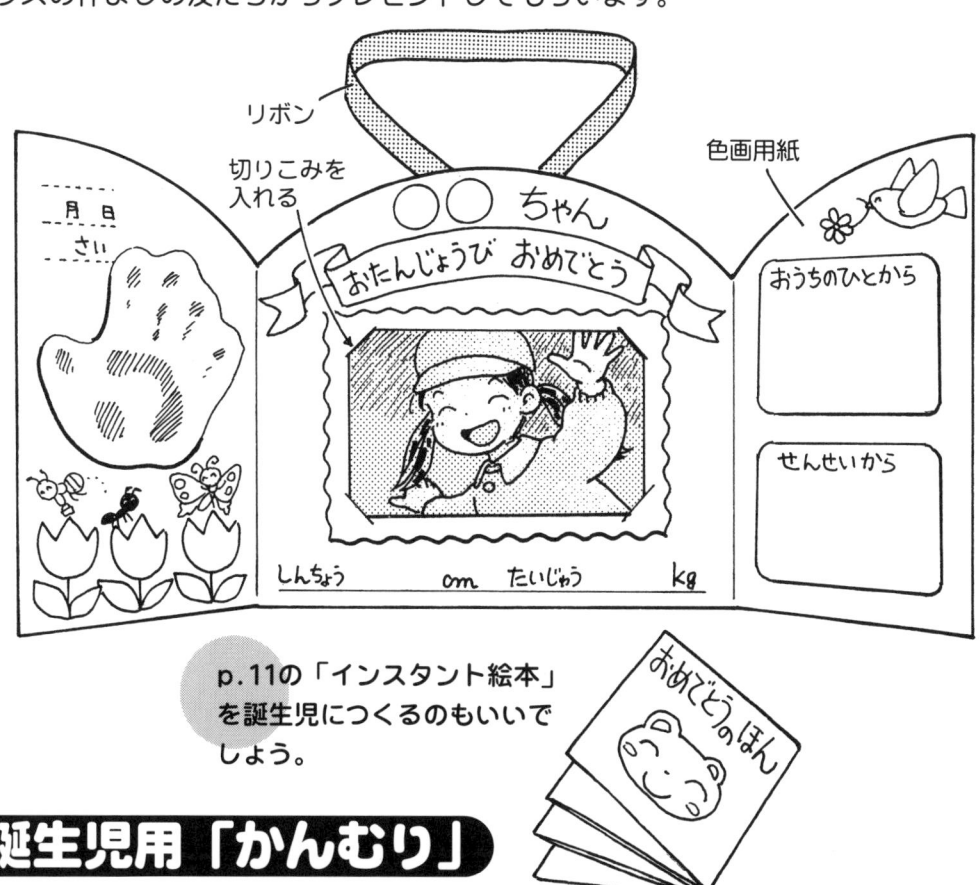

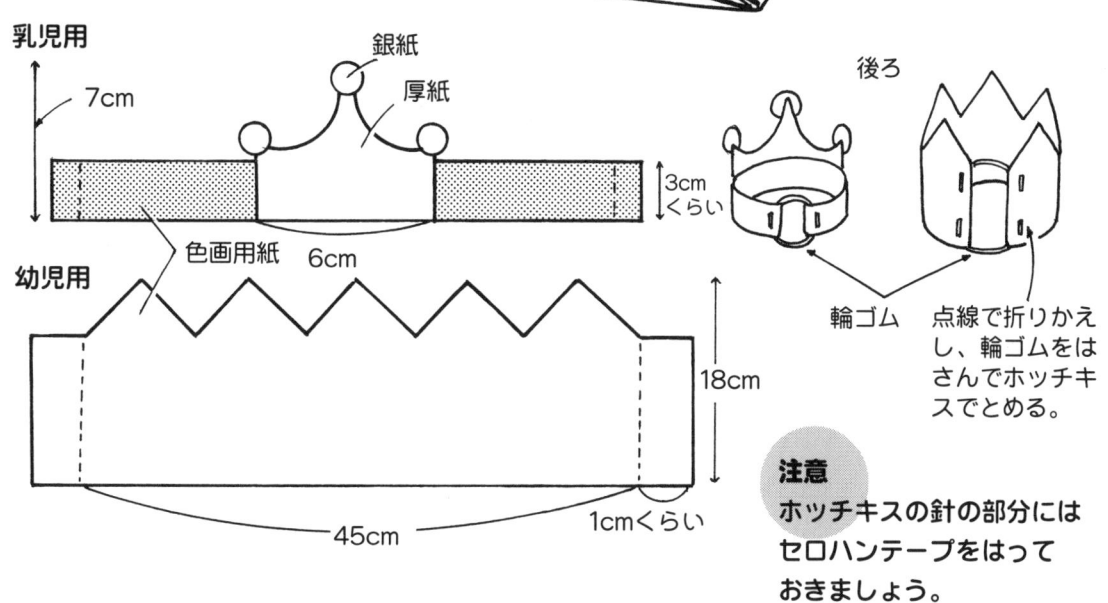

リボン
切りこみを入れる
色画用紙
○○ちゃん
おたんじょうび おめでとう
月 日
さい
おうちのひとから
せんせいから
しんちょう　cm　たいじゅう　kg

p.11の「インスタント絵本」を誕生児につくるのもいいでしょう。

おめでとうのほん

誕生児用「かんむり」

乳児用
7cm
銀紙
厚紙
3cmくらい
色画用紙
6cm

幼児用
45cm
18cm
1cmくらい

後ろ
輪ゴム
点線で折りかえし、輪ゴムをはさんでホッチキスでとめる。

注意
ホッチキスの針の部分にはセロハンテープをはっておきましょう。

誕生会……1人ひとりが主役だよ！

誕生児の「登場門」

使い終わったらたたんでしまえる便利な門です。

門
ダンボール……電化製品用特大サイズ
カーテン用レース……1m×1m
ビニールひも
（色画用紙、マジックを使ってかざりをつける）

時計
厚紙……丸く切る
割りピン
針……厚紙でつくる

天井からつるす

12カ月のとけい
(例) 6月なら"6"に針を動かします。

赤ちゃんの場合は、先生がだっこしていっしょに登場しよう。

180cm（高さ～2m）
70cm
140cm
順番をまって登場

（裏側）レースは布ガムテープでとめる。

室内用

外用

誕生会……1人ひとりが主役だよ！

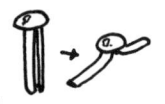

舞台がなくても、どこでもできます。戸外なら、門の裏を支えればOK。ダンボール箱や台を布ガムテープで門に固定します。
門の装飾は、毎月変えなくても、1年を通して使えるデザインにするとよい（絵本のお話など）。

ダンボール箱を使う時は、足がひっかからないように、布ガムテープでおさえる。

おめでとうバッヂ

朝から1日、胸にバッヂをつけると……、
クラスのみんなから「おめでとう！」と言って
もらえてうれしさ100倍！

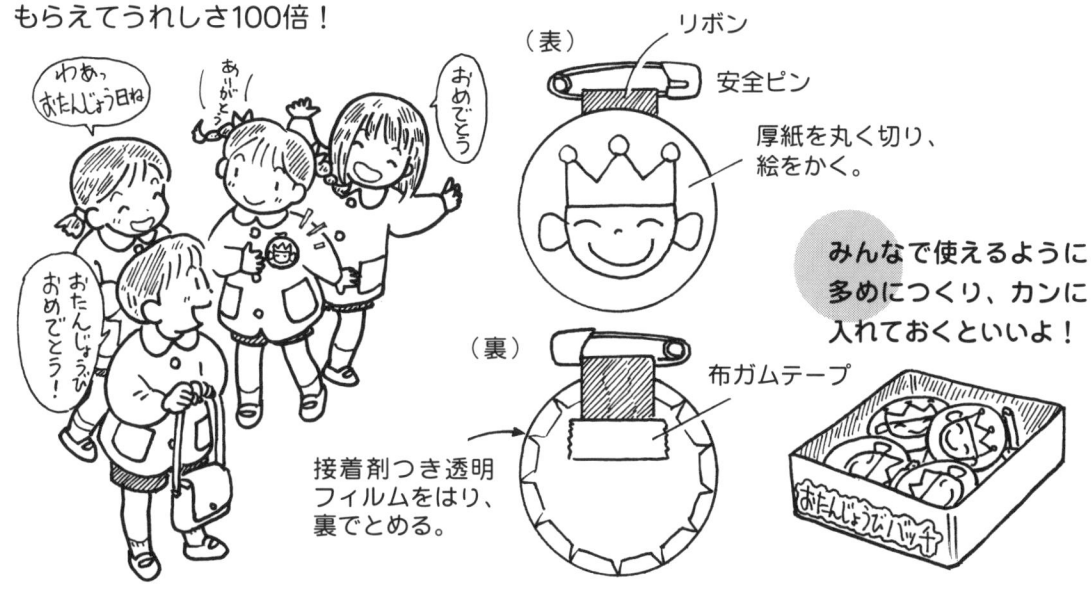

（表）
リボン
安全ピン
厚紙を丸く切り、絵をかく。

（裏）
布ガムテープ
接着剤つき透明フィルムをはり、裏でとめる。

みんなで使えるように多めにつくり、カンに入れておくといいよ！

おめでとうBOX

誕生日の子への、お友だちからのプレゼントBOXです。
折り紙、手紙などを自由に入れるようにしておくと、
プレゼントが日に日にふえていきます。
保育室に設置します（出席ノート用のスタンプ台のよこなど、
目につきやすい所にしましょう）。壁につけてもステキです。

きみちゃん
10月18日
うまれ

誕生会……1人ひとりが主役だよ！

ケーキ

材料
- ダンボール……大1、小1
- 紙ねんど
- ろうそく（中太）……6本
- のり　白い紙
- ポスターカラー（絵の具）
- アルミのカップ
- くぎ（4〜5cm）……6本
- 布ガムテープ

誕生会……1人ひとりが主役だよ！

紙ねんどでかざりをつける（イチゴやクリーム）。

ダンボールに白い紙をはったり、白く色をぬる。

ポスターカラー（絵の具）で色をつける。

ダンボール箱2つはのりづけしてもいいし、ただ重ねるだけでもよい。

ローソク立てをつくる

① くぎをダンボールの内側からさして表に出す。

② 内側を布ガムテープでおさえる。

③ アルミのカップにくぎを通す。

④ ローソクを立てる。

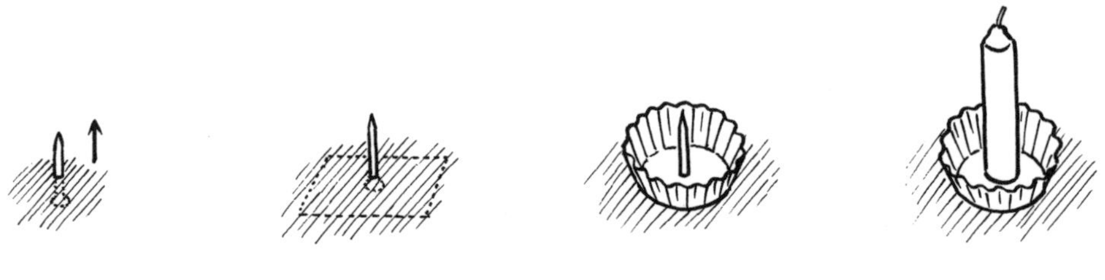

係の子用リボン

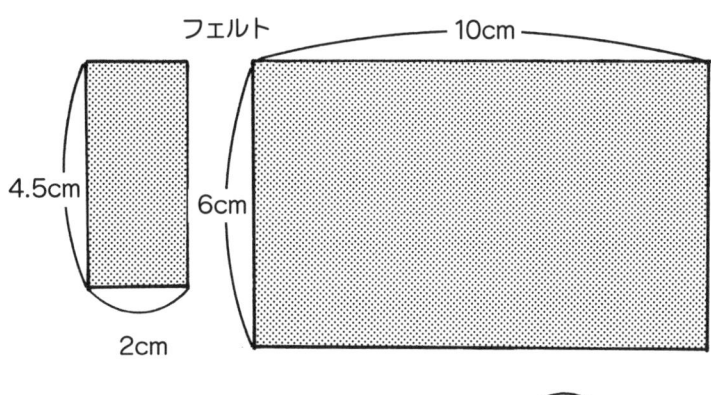

フェルト
10cm
4.5cm
6cm
2cm

① まん中をしぼって、小さいフェルトでしぼるようにぬってとめる。

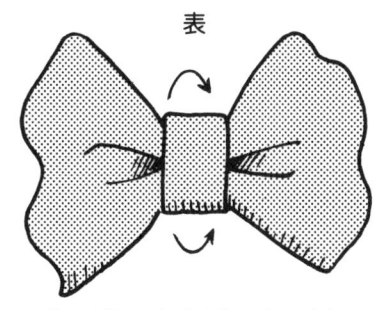

表

にあうかしら

② 裏に安全ピンをつけてできあがり。

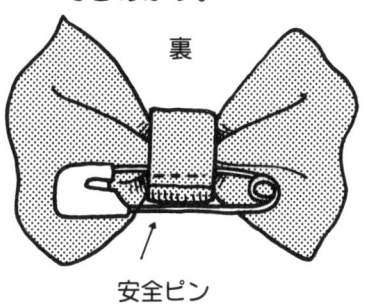

裏

安全ピン

誕生会の進行

たとえば、こんなプログラムはどうでしょう。

1 はじめのことば

2 誕生児登場
BGMに合わせて門から1人ずつ登場し、みんなに拍手でむかえられる。

誕生会……1人ひとりが主役だよ！

3 インタビュー
1人ずつにインタビューをする。

> お立ち台にのぼると目立っていいよ。

司会……「お名前は？」
「いくつになりましたか？」
など
そして、みんなで「おめでとう！」の拍手をする。

誕生会……1人ひとりが主役だよ！

4 みんなからのプレゼント
おめでとうBOXにためておいたプレゼントをわたす。
プレゼントカードをそえて。

> 1人ひとりふくろにつめてわたしてもいいし、BOXが5人分あれば、BOXごとわたしてもいいですね。

5　ケーキ登場

お誕生日のお友だちみんなで、
ろうそくの火を「ふーっ！」と消そう。

「これは、○さいになった○○ちゃんの火ね」
などと話しながら火をともすのも、雰囲気が
あってとてもいいですよ。

注意

本物の火を使うので、子どもが近づきすぎ
ると唇にやけどをしたり髪の毛がこげる危
険があります。くれぐれも注意が必要です。

誕生会……1人ひとりが主役だよ！

これは○○ちゃんの火よ

6 誕生日の歌～全員でうたえる歌
みんなでうたってお祝いしよう！

7 出し物のプレゼント～先生より
人形劇やパネルシアターなど、職員からのプレゼント。

8 おわりのことば
もう1度、お誕生日の友だちに拍手を送ろう！

誕生会……1人ひとりが主役だよ！

おばけやしき（きもだめし大会）

●おばけやしきをやりたいのだけれど、ハラハラドキドキする楽しい工夫はないかしら。また、どんな道具をそろえたらいいでしょう？

●こわいんだけど楽しい、子どもがよろこぶおばけやしきのポイントをお教えしましょう。

♥ポイント♥

まずは部屋を暗くすること。
暗幕や黒い紙をフル活用！（布ガムテープではると便利です）

おどし方を工夫する。
おばけはあまり動かず、突然「ワッ」とおどかす方がビックリします。あまり動かない方が不気味さが増すようです。

効果音を使う。
市販のＣＤなどを利用する方法もありますが、大きめのざるにアズキを入れて「ザーッ」と音をたてたりなど、手づくりの音もよいでしょう。

こわがって入れない子への心くばりも。
案内係をつけて、手をつないであげましょう。また、部屋の中に先生がいると子どもも安心します。
「勇気の目んたま」「ゆうきのバッヂ」などをつくって、それを身につけていればおばけはおどかさない、というのも楽しいですね（p.32参照）。

おばけやしきでのルールを決めておく。
「おばけにはやさしくしましょう」など。たたいたりすると、おばけのなり手がいなくなるかもしれませんね。

おばけやしき配置図

たとえば、こんなふうに保育室・教室を変えてみてはどうでしょう。

先生も中にいると子どもは安心

カサをバサバサ

ろう下を利用するのもよい

ダンボール箱のしきり

天井からつるすのもGOOD!

いらっしゃ～い

ゆうきのあるひとはさわってね!!

タッチライト

入口

受付

出口

おいてけ～

おめでと～

係の子はかくれている

出口

出口の矢印も登場

待つところ（イス、ベンチ）

和紙に墨と絵の具でかく。

めでたくライトにさわれた人には証拠のスタンプが押してもらえます。

おばけやしき〈きもだめし大会〉

おうちの方への案内状

つくり方

① 画用紙におばけ（とびだすもの）をかいて、ハサミで切りぬく。

② 中心と足に折りめをつける。

口をくりぬき、裏に赤い紙をはってもよい。

③ 足の裏にのりをつけ、2つ折りのカードの中心線に合わせて、立たせるようにはる。

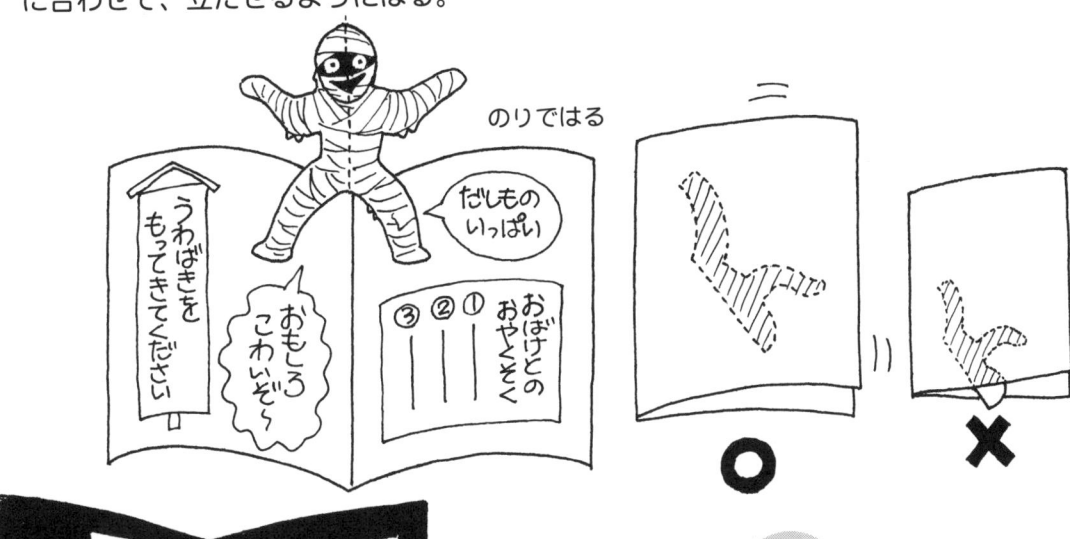

のりではる

折りたたんだ時、おばけがはみ出さないようにします（上の方にはるのがコツ）。

表紙やプログラムなどをかいてわたそう！

おばけやしき（きもだめし大会）

おばけがとびだす案内状です。
ことしのおばけやしきは何が
とびだすかな？

チケット

黒の画用紙に白のペンでかくと
効果的です。

いろんなおばけ

とつぜん動き出す！

黒の帯

折り紙
コウモリ

箱やゴミぶくろ、黒い布をかぶる。

近づくと…おはか
からおばけが！

おばけやしき（きもだめし大会）

1つ目おばけのろくろっ首

つくり方

① ラシャ紙を5cmはばで切り、のりやボンドで長くつなぐ。

② 定規などを使ってしごきながらまいていく。

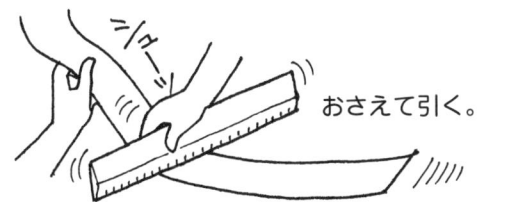

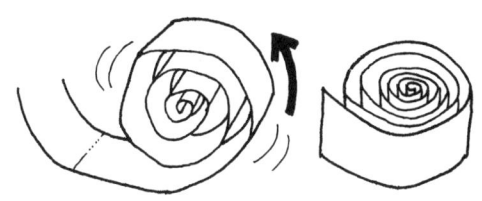

おさえて引く。

③ 中心に、たこ糸（50cmくらい）をセロハンテープなどではりつける。まき終わったら、セロハンテープでとめる。

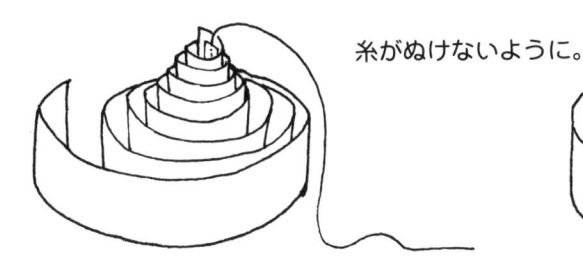

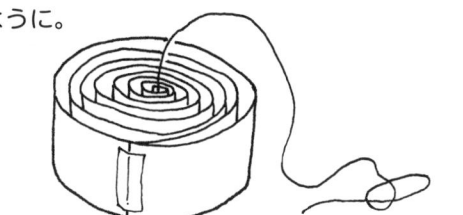

糸がぬけないように。

④ ラシャ紙をまるめたものがかくれるような円すいをつくる（色画用紙やラシャ紙などで）。

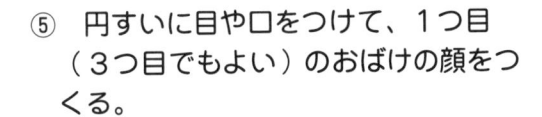

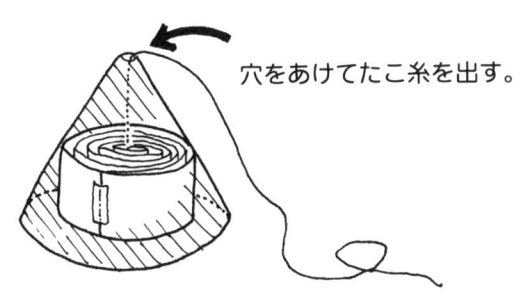

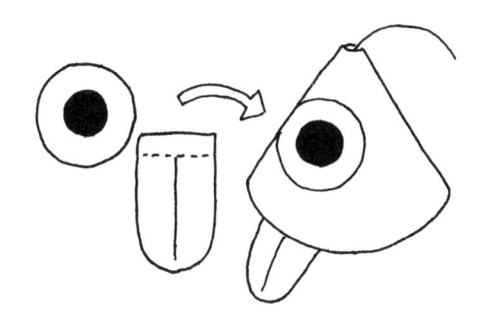

穴をあけてたこ糸を出す。

⑤ 円すいに目や口をつけて、1つ目（3つ目でもよい）のおばけの顔をつくる。

使い方

たこ糸の先に棒などをつける。
魚をつるように棒を持ちあげると、ろくろっ首がのびるよ。

応用

中に豆電球を入れて目を光らせたり、
たこ糸を持って引きあげてもいいね。

懐中電灯を使うだけでも、
こ〜んなこわーい顔ができる。

大道具・小道具

大ダンボールに切りぬきをして、裏側から手足を出したりのぞいたり。

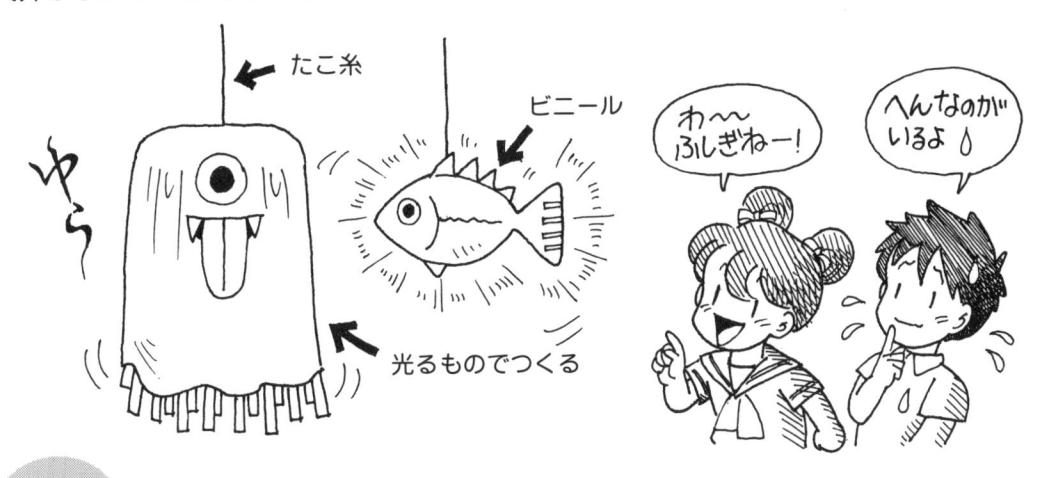

天井からぶらさげてみよう
← たこ糸
← ビニール
← 光るものでつくる

わ〜〜ふしぎねー！
へんなのがいるよ

タッチライトもあれば使おう！

ついたっ
え〜
ハ〜イお呼びですか？

こわがりの子のためのグッズ

勇気の目んたま
これをつければ、おばけが仲間だと思うからだいじょうぶ。

画用紙とペン（クレヨン）でつくる。
両面テープでおでこにペタッ！

ゆうきのバッチ
これをつければ、おばけがにげていくからだいじょうぶ。

おばけが苦手なもの（ニンニクや十字架など）を画用紙などにかいて、両面テープで胸にはっておくとよい。

「勇気100倍になるんだぞ～」
「ペタッ！」
これがあればだいじょうぶ！

「ドキドキするな～」
ゆうきのバッチだよ

屋外でのきもだめし大会

室内でのおばけやしきも楽しいけれど、夕涼み会や林間学校などでやる屋外でのきもだめしも、雰囲気が出てドキドキします。
大人がおどかし役です。

例
→ 親子でおふだをとりに行く
→ スタンプラリー……数カ所のポイントでスタンプを押して帰ってくる。

木の陰など自然を生かしてやってみよう。
草かげから立ち上がって
「１つ目おばけのろくろっ首」
でおどかすのもいいね。

トイレットペーパーミイラ
体にトイレットペーパーをぐるぐるにまく。

小学生への応用

小学生ともなれば、1人でおふだなどをとってくる、というルールにしてもいいですね。
小道具は同じでもいいし、もっといろいろつくってもいいでしょう。

びっくりおふだ箱
おふだ箱をつくって、その中におふだを入れておく。

① 牛乳パックを6cmの輪切りにする。

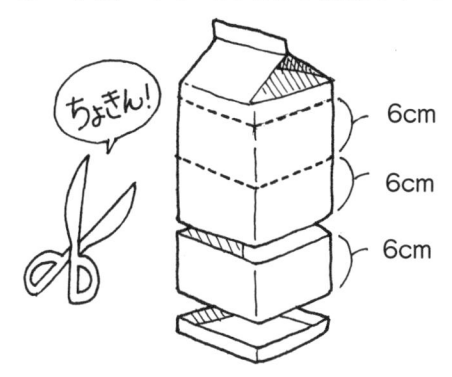

② 切りこみを入れる。

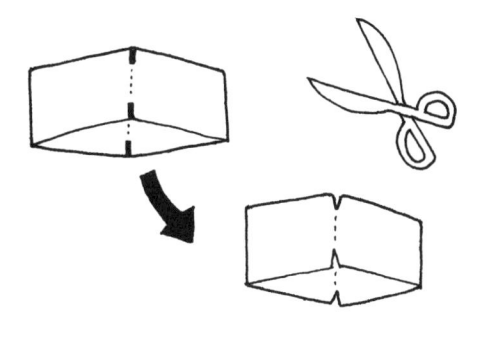

③ 輪ゴムをかける。

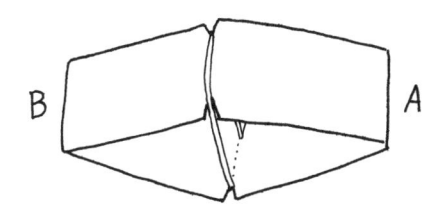

④ AとBをくっつけるようにたたむ。

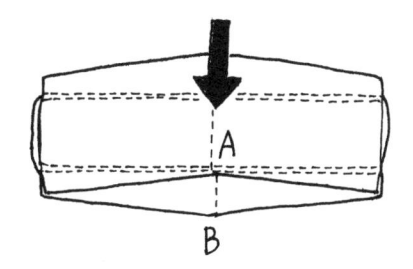

どちらのタイプの箱でもよい。

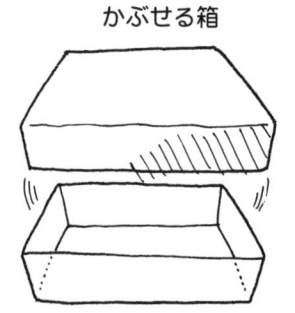

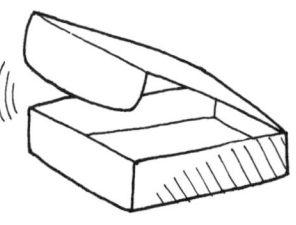

かぶせる箱　　　　めくる箱

おふだといっしょに牛乳パックを輪切り（6cm）にして輪ゴムをつけたものをたくさん入れておく。

人数分入れておく

つぶしたものを重ねて箱に入れ、とびださないようにフタをします。重しをのせてもよい。

重し

あった!!

よいしょっ

ピョン　ピョン　ピョン　わーっ

いっせいにとびだしてきてビックリ！

箱が深い時は、底に本などを入れておくとよい。

おばけやしき〈きもだめし大会〉

お楽しみ会
(お店やさんごっこ)

○お楽しみ会を子どもたちは心待ちにしています。お店やさんごっこをやりたいのですが、どんなものをつくったらいいんでしょう？

○お店やさんごっこをはじめる前に、みんなで商店街などに見学に行きましょう。お店の特徴をつかんで、それをお店づくりに役立てましょう。

ポイント **前もってしらべてみよう**
どんなお店やさんがあるかな？
どんなものを売っているかな？
商品はどのようにならべられているかな？
お店の人の服装はどんなかな？
お店の人は、お客さんにどんなことばを言っているかな？
看板やお店のつくりもチェック！

楽しいお店やさんがいっぱい！

お楽しみ会（お店やさんごっこ）

パンやさん

トング

ダンボールをはば3cm、長さ35cmくらいに切って半分に折る（たての目にそって切るとよい）。アルミはくでつつむと本物らしくなる。

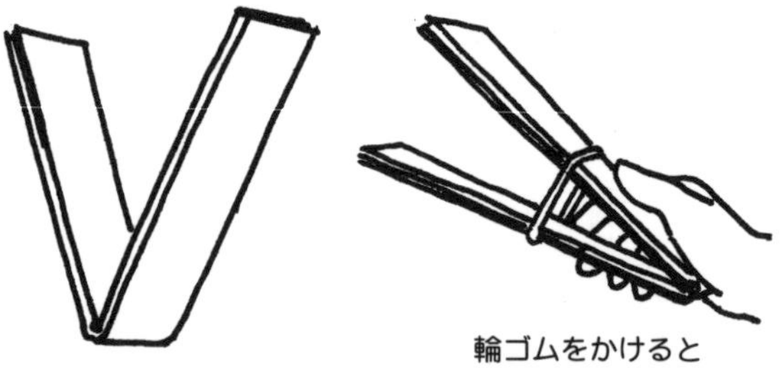

輪ゴムをかけると便利。

パン

あんぱん

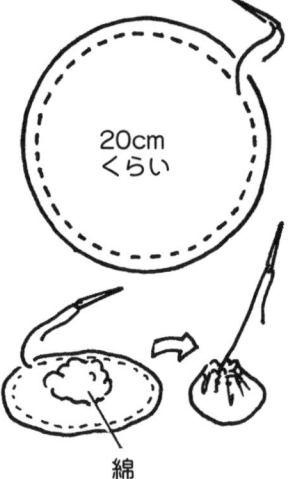

① 布を円に切って、はしから1cmのところをぬう。
② 中央に手芸用綿をおく。糸をしぼって、外に出たぬいしろを中に入れてぬいとめ、形をととのえる。
③ 表の中央に針をさし、中央をひっこませるように裏でとめる。
④ 茶色の絵の具で上部をぬる。ピンクのフェルトを桜の花びらの形に切り、ひっこませたところにボンドではる。

20cmくらい

綿

メロンパン

あんパンの①〜②までと同じ。
③ 黄色のししゅう糸を下からさし、井の形に線をつける。うす黄緑色の絵の具で上部をぬる。

クリームパン

① 布を直径16cmくらいの円に切る。
② 2つに折ってはしから5mmのところをぬい、5cmほどあけておく。
③ 裏がえして中に綿をつめ、口をぬう。
④ 茶色のししゅう糸を下から通して3本線をつける。茶色の絵の具でぬる。

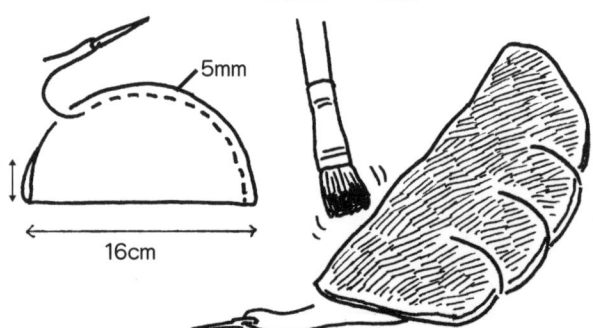

5mm
5cm
16cm

カレーパン

クリームパンの①から③までと同じ。
④ 茶色の絵の具をぬる。
⑤ おうど色のフェルトを細かく切って、紙の上に散らす。
⑥ パンの片面にボンドをぬり、フェルトを散らした上に、ボンドをつけた面をこすりつける。

お楽しみ会（お店やさんごっこ）

コロネ

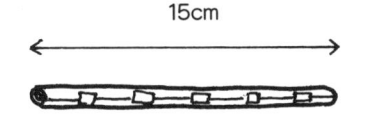

① 布を15cm×60cmに切り、はしからくるくるとまいていく。
② まき終わりをところどころ小さく切ったセロハンテープでとめておく。
③ 画用紙で円を切り、3等分する。 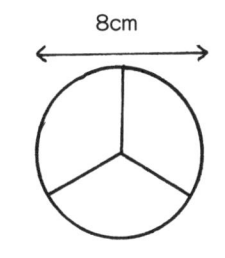
④ 3等分した紙を丸めて3角すいをつくり、新聞紙をつめる。
⑤ 20cm四方の布を丸めてセロハンテープでとめる。
⑥ 丸めたものをセロハンテープで3角すいにとめる。
⑦ ②の先を3角すいの下にセロハンテープでとめて上にまいていき、まき終わりはぬいつける。
⑧ 茶色の絵の具でぬる。中味はうす黄色（クリーム）、茶色（チョコレート）などで色をぬる。

食パン

① 白スポンジを厚さ1cmくらいの食パンの形に切る。
② 横を、こげめのように茶色の油性マジックでぬる。

フランスパン

① 古い長そでの綿シャツ（下着）のそでをつけねから切る。
② そで口の太さにあわせてつけねまでぬい、口はまるくぬう。
③ ひっくり返す。
④ 新聞紙4ページ分くらいをそでの長さに棒状に丸め、そで口からつめる。
⑤ そで口のまわりをぬってしぼり、ぬいしろを中へおしこむ。
⑥ 絵の具で色をつける。

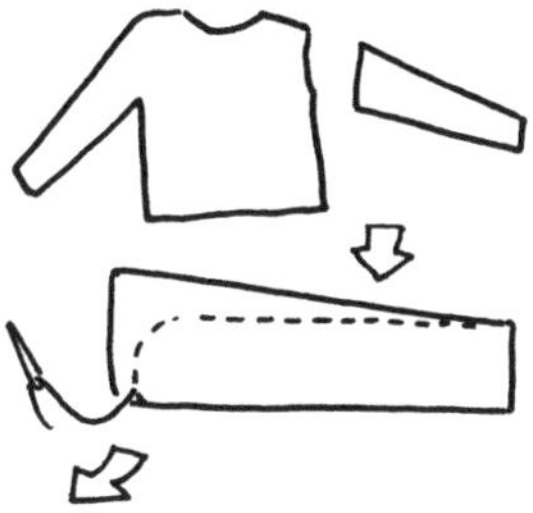

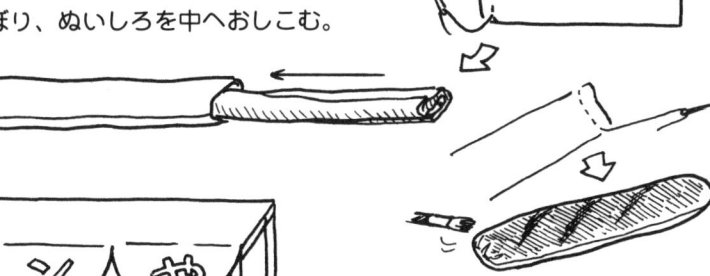

パンは、それぞれ10こずつくらいつくっておくと楽しいよ！絵の具でぬる時、ぬりむらのある方がパンらしく見えます。

トングで好きなパンをトレイにのせると、パンやさんの気分を楽しめるよ。

アイスクリームやさん

アイス

① 新聞紙2分の1ページ分を切って丸める。折り紙でつつんでセロハンテープでとめる。

② しょうじ紙に絵の具で色をぬって、チョコミントやブルーベリーなどもつくってみよう。

白…バニラ
ピンク…ストロベリー
茶色…チョコレート
黄緑…まっ茶

茶…チョコミント
うす緑

白…ブルーベリー
むらさき

できたアイスを、フレーバーごとに小さめの洗面器に入れておく。

バニラ　チョコミント　ブルーベリー

コーン

① うす茶色の色画用紙に直径26cmの円をかき3等分する。

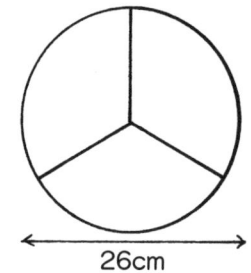

26cm

② クレヨンで茶色の線をかく。

③ 円すい形にして丸め、セロハンテープでとめる。

④ 底の方にティッシュをつめる。

コーンスタンド

① ティッシュ箱の底に、直径4cmくらいの円の穴をあけておく。
② まわりに折り紙をはったり、色をぬってきれいにしあげる。

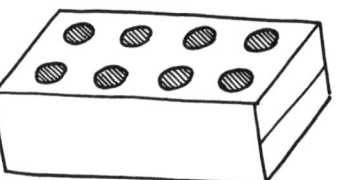

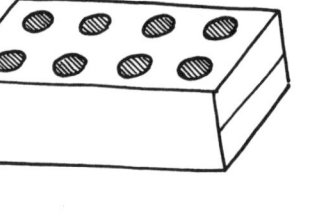

注文されたアイスクリームをディッシャーですくい、コーンにのせる。

ダブルを注文する人にはセロハンテープで2つをつけてあげよう。

アイスクリーム

ディッシャーは大きめのスプーンを使う。

AKI

セロハンテープ

洗面器　アイス　コーンスタンド

わぁーい ダブルだー
いいな〜

お楽しみ会〈お店やさんごっこ〉

40

たこやきやさん

たこやき機

① 卵パックを切りはなし、黒のカラースプレーをふきつける（大人がやっておく）。
② うすい板（または厚紙、ダンボール）の上に5～6個ならべて、底をボンドでつけ固定する。

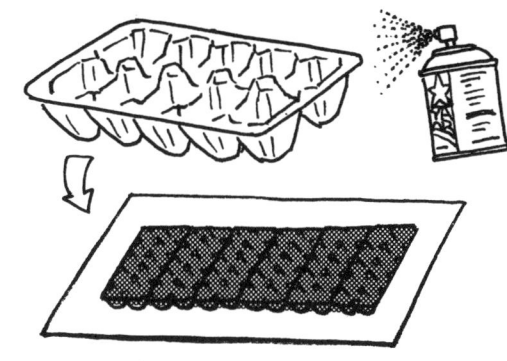

たこやき

ティッシュ2枚分を丸め、黄色のさくら紙でつつむ。セロハンテープでとめておく。
あとはたこやきらしく色をつける。

茶色のマジックでぬる
緑のマジックでてんてんをつける

くし

① ちらしをはば3cmに長く切る。
② こよりをつくる。
③ 12cmの長さに切る。
④ 上から5cmくらいを黒のビニールテープでまいて厚くする（先はとがらせなくてよい）。

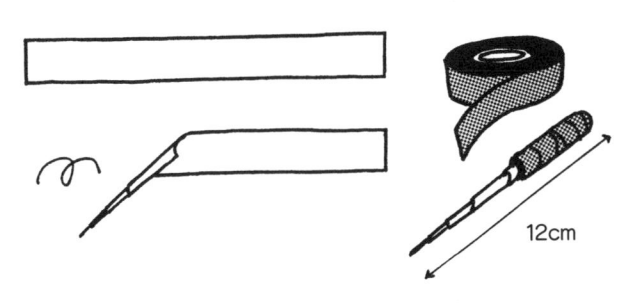

青のり

緑色の折り紙を細かく切る。

かつおぶし

茶色の折り紙を細かく切る。

トレイにたこやきを入れ、青のり、かつおぶしをふってわたす。

お楽しみ会（お店やさんごっこ）

ハンバーガーやさん

ハンバーガー

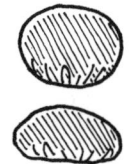

バンズ 
新聞紙2分の1ページを平たく丸める。茶色の折り紙でつつみ、セロハンテープでとめる。

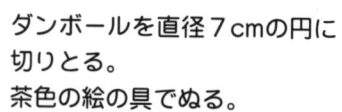

レタス 
緑色の折り紙を4分の1に切り、ぎざぎざをつける。

トマト
赤の折り紙を4分の1に切り、丸く切る。

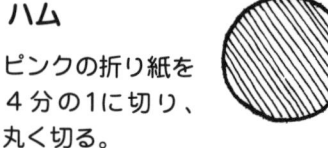

たまご 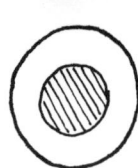
白の折り紙を4分の1に切り、丸く切る。まん中に黄色の円をマジックでかく。

ハンバーグ
ダンボールを直径7cmの円に切りとる。茶色の絵の具でぬる。

チーズ
黄色の折り紙を4分の1に切る。

ハム
ピンクの折り紙を4分の1に切り、丸く切る。

トレイに1種類ずつ入れてならべる。

ポテト

ダンボールをたての目にそって1cm角に切り、長さを10cmにそろえる。
茶封筒を8cmの長さに切って、もようをかいたりシールをはってふくろにする。

シェイク

ピンクの折り紙を2分の1に切り、「いちご」とまん中にかく。色が外にくるようにつつにして、透明のプラスチックのコップに入れる（折り紙をとめないで入れて、中で広がるようにする）。先のまがるストローをさす。

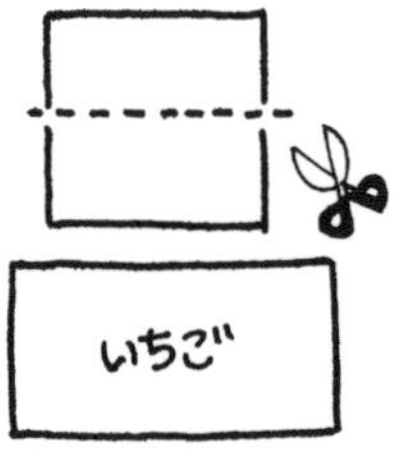

●アレンジしてみよう
白折り紙…バニラ　黄色…バナナ　茶色…チョコ
黄緑…メロン　などつくろう。

サラダ

紙コップを半分に切る（ヨーグルトの容器がよい）。
緑、黄緑、黄色の毛糸を1cmくらいに切って入れる。

トレイ

箱のふたやおぼんを使う。肉や魚のトレイ、画用紙でつくってもよい。

注文をきいて、好みのものを
選んではさみ、トレイにのせ
てわたす。

「おいしそう〜！」

「いらっしゃいませ！
ポテトも、いかが
ですか〜？」

やきとりやさん

とり肉

① 紙ねんどをピンポン玉くらい手の平にとり、にぎって形をつける。
② 中央にわりばしで穴をあけてかわかす。
③ かわいたら、絵の具でやきとりらしい色をつける。

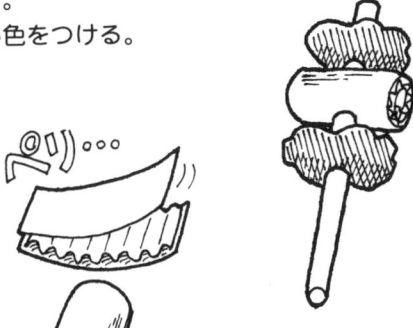

ストローに通し、ぬ
けないように上下を
ボンドでとめる。

ねぎ

① ダンボールをたての目にそって、はば4cm、長さ6cmくらいに切る。
② ダンボールの片方をはがす。
③ 丸めてセロハンテープでとめる。
④ 中央に穴をあける。
⑤ 絵の具でねぎの色をつける。

焼き台

① ティッシュ箱の上の4すみに
切りこみを入れ、内側に折りたた
む。

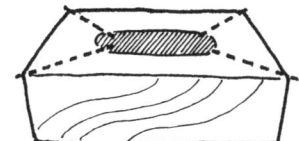

② まわりに黒の折り紙をはる。

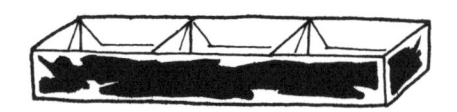

たれつぼ
（カンをおく）

やきとりをトレイ
に入れてわたす。

お楽しみ会（お店やさんごっこ）

魚やさん

画用紙に魚の絵をかく。
ダンボールに絵をはって、ハサミで切りぬく。

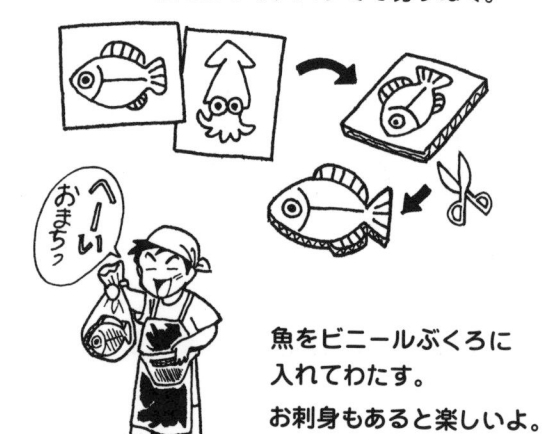

「へーい
おまちっ」

魚をビニールぶくろに
入れてわたす。
お刺身もあると楽しいよ。

魚正の
イキが
いいよ!!
ほたて さんま たい いか たこ 安いよ

やきいもやさん

やきいも

① 新聞紙1ページ分を細長く丸める。
② しょうじ紙などでくるみ、セロハンテープでとめて、絵の具でやきいもらしい色をつける。

ふくろ
新聞紙4分の1ページ分を折ってふくろにし、両わきをのりではる。

ホイっ / わあ

メガホン
ペットボトルの
底を切りぬいて
つくる。

ダンボールを2つ重ねて
固定する。上はふたがあ
くように。

い〜し♪や〜きいも〜

新聞紙を丸めた石の中に
やきいもを入れておく。

軍手

園芸用の支柱に色画
用紙の看板をはる。

いしやきいも

ちょうだーい!!

新聞紙でつくったふくろを重ねて穴
をあけ、ひもを通してさげておく。

車輪の絵をかく。

お楽しみ会（お店やさんごっこ）

アクセサリーやさん

ネックレス
70cmのひもに、ビーズを通して結ぶ。

ブレスレット
15cmの平ゴムに、ビーズを通して結ぶ。

リング
ビーズに油性マジックでもようをかき、モールに1つ通して、ねじってとめる。

ペットボトルのキャップ・乳酸菌飲料の容器などをボンドではり、ネックレスをかけるところをつくる。

色もぞう紙をはる

「いかがですか〜？」

アクセサリー ぷちきゃっと

お楽しみ会（お店やさんごっこ）

写真やさん

はがき大くらいの画用紙に、動物や花、のりものなどの絵をかいてかざるのもいいね。

色もぞう紙をはる。

フォトショップ・フラワー

「お写真とりますよ〜 ハイ、チーズ！」
「きれいにとってね!!」
パチリ

もうしこみ時間　15ふん　しあがり時間

6.5×6.5cmの紙に、友だちや先生の絵をかいておく（たくさんつくっておこう）。
牛乳パックのインスタントカメラ（p13）で、お客さんの写真をとってわたす。

銀行

買いもの券やチケットは紙皿に入れて出す。

銀行の使い方

- お札や小ぜにをたくさん用意して、きめた金額を子どもたちにわたす。
- お金はつくってもいいし、ビー玉やびんのふたなどをためておいて、それを使うのもよい。
- 自分たちのオリジナルのお金をつくるのもいいね。
- 足らなくなったら、貸しだしもできるようにしておくとよい。
- たくさんもうけた人は貯金もしよう。
- 先生もお金を使うとよい。

大人の金銭感覚でなく、子どもらしいルールを考えるといいですね。

ケーキやさん

ショートケーキ

① 牛乳パックの頭と底を切りおとす。
② 長さ約19.5cmを5等分に切る。
③ 1辺を切り、3角形をつくってボンドではる。
④ しょうじ紙を図のように切ってはる。

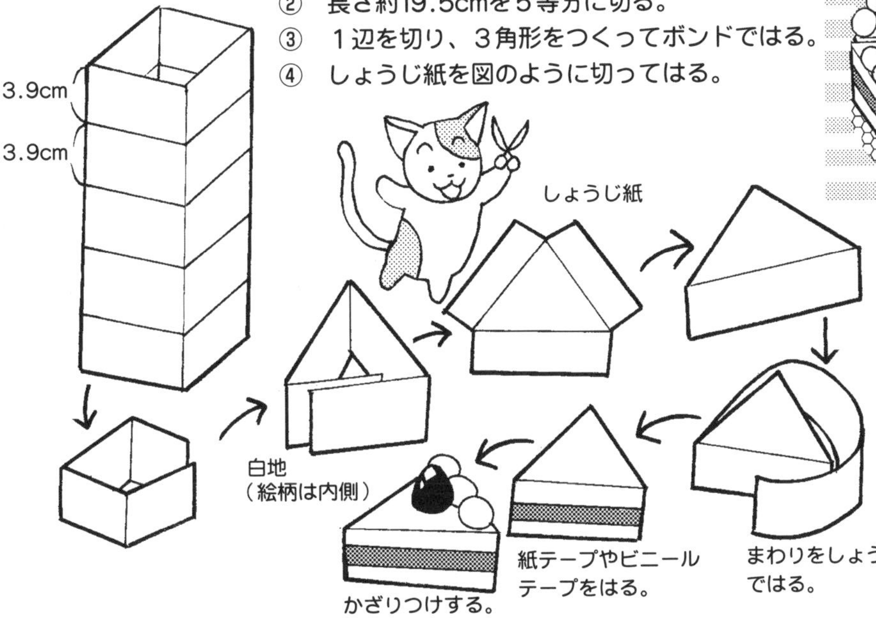

3.9cm
3.9cm

しょうじ紙

白地（絵柄は内側）

まわりをしょうじ紙ではる。

紙テープやビニールテープをはる。

かざりつけする。

ショートケーキを6個あわせれば、デコレーションケーキができるよ！

ロールケーキ

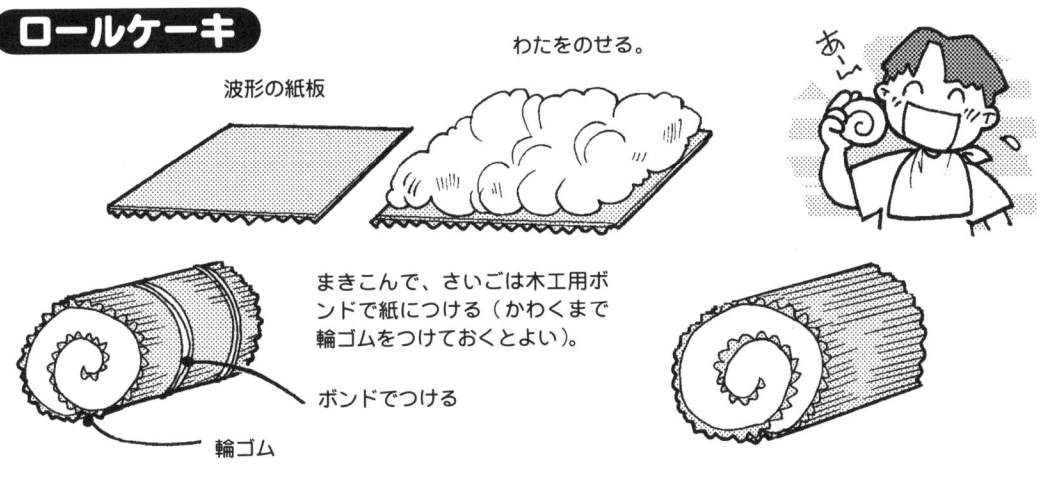

波形の紙板

わたをのせる。

まきこんで、さいごは木工用ボンドで紙につける（かわくまで輪ゴムをつけておくとよい）。

ボンドでつける
輪ゴム

ケーキのショーケースもつくっちゃおう

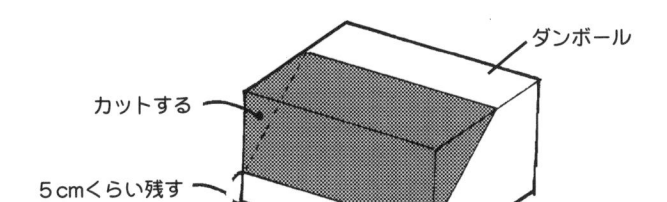

ダンボール
カットする
5cmくらい残す

お楽しみ会（お店やさんごっこ）

わたあめやさん

わたあめ機

① 大小の箱を重ねて固定する（子どもの手が底までとどく深さにする）。
上下の箱の中央を丸く切りぬく。

切りぬく
ティッシュ箱など
ギフトなどの空き箱

② 上の箱の内側に木工用ボンド（のりでもよい）や両面テープでわたをはりつける。

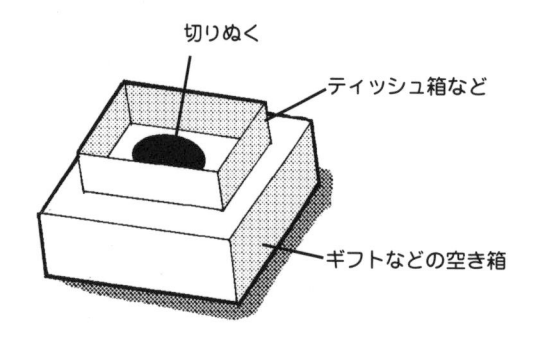

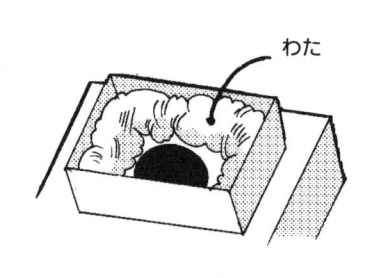

わた

③ 下の箱に、大人のこぶし大に丸めたわたを入れておく。

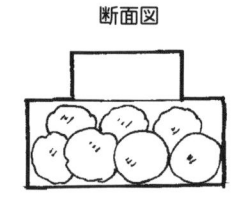

断面図

棒

細く切った紙（チラシなど）で、わたあめをつける棒をつくる。

太めのこよりをつくる。

棒をわたあめにさし、ビニールぶくろに入れてわたす。

モール

お楽しみ会〈お店やさんごっこ〉

店員さんの衣装をつくろう

ぼうし

その1 （p.91に型紙をのせています）

① 色画用紙を図のように切る（頭の入る穴をめやすにして切る。穴は大きめでよい）。

② 頭からかぶって、AとBをセロハンテープでとめる（ゆるめでよい）。

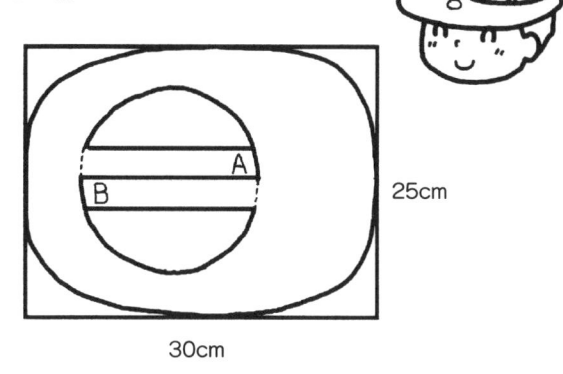

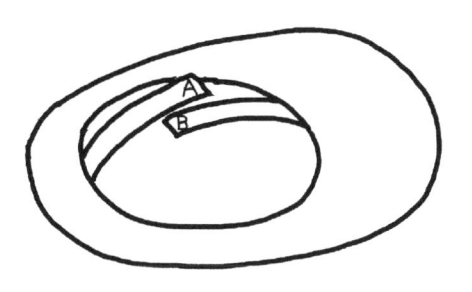

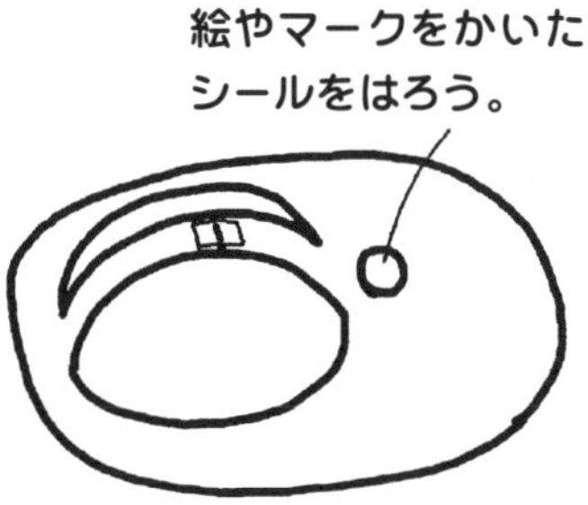

25cm
30cm

絵やマークをかいたり、シールをはろう。

その2

① はば5cmの画用紙で帯をつくる。頭囲＋2cmの長さに切る。

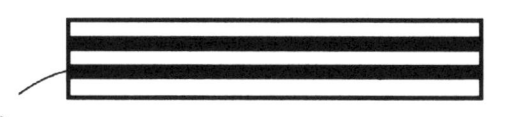

ビニールテープをはってきれいなラインをつくる。

② 雑誌などが入る大きさの紙ぶくろを底から10cmの高さに切る（書類ぶくろでもよい）。

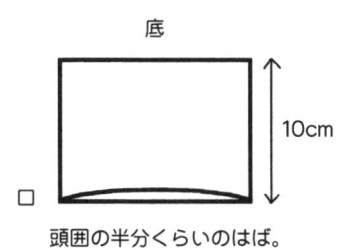

底
10cm
頭囲の半分くらいのはば。

③ 半分に折ってからななめに折り目をつける。

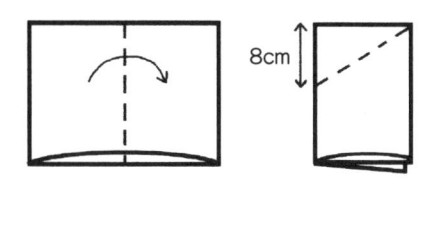

8cm

④ ふくろを再びひらいて、ふくろの口にセロハンテープで帯をはっていく。ふくろの方が大きい場合は、少ししわをよせてもよい。

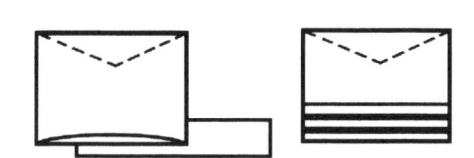

⑤ 折り線にそってまん中をくぼませる。

お楽しみ会（お店やさんごっこ）

その3

① はば5cmの画用紙で帯をつくる。頭囲＋2cmの長さに切る。

② 頭にあわせて、つつにしてセロハンテープでとめる。

③ スーパーなどのビニールぶくろの持ち手を切る。

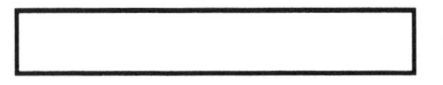

④ 帯の内側にビニールぶくろの口をあわせながら、セロハンテープでとめる。

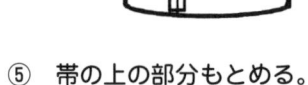

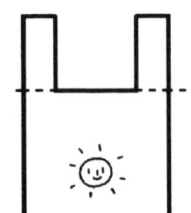

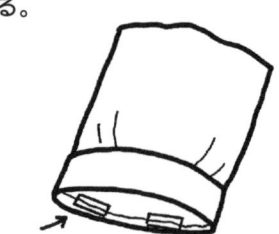

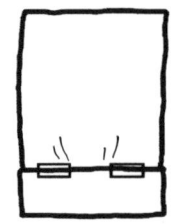

⑤ 帯の上の部分もとめる。

ふくらませてかぶってみよう。

その4

① 八つ切りの大きさの画用紙を図のように切る。
② 帯の両はしを折り返し、輪ゴムをつける。

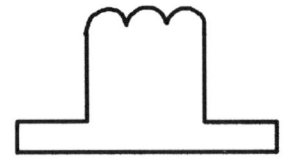

エプロン

① ハンカチを3cmくらい折り返してぬう。
② つつの中にひもを通す。

3cm

ガムテープではってもいいよ。

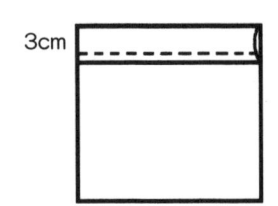

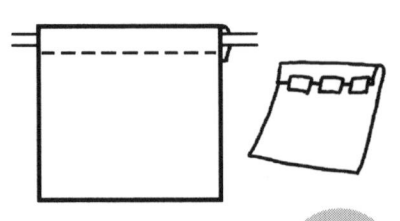

あみもの用の大きめの針を使ってできる子どもにはぬわせてみよう。

ちょうネクタイ

折り紙のまん中をつまんで、セロハンテープでとめる。
ビニールテープなどで洋服につける。

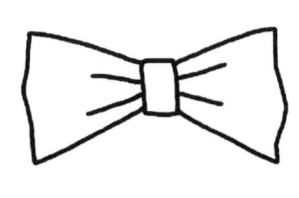

運動会

○みんなの気持ちをそろえるために、かんたんにつくることができる運動会グッズはありませんか？

○運動会は事前の準備が多く、種目によっては練習する時間もとらなければなりませんね。忙しい準備の合間にできるかんたんな道具や応援グッズなども紹介しましょう。

入退場門 トーテムポール式

運動会当日に、入退場門をくぐって入場してくれば、みんなやる気まんまん！ 運動会がおわった後には、門の前で記念撮影するのもかっこいい！
バラバラに色をぬって、あとは重ねるだけだから、これなら短時間でかんたんにできます。

運動会がピリッとしまるよ！

① ダンボール箱に絵の具で絵をかく。

② 箱を重ねて、中心に園芸用の支柱を入れる。

③ いちばん下のダンボールには重し（ねんどや砂袋など）を入れておいて転倒防止をする。

両方の支柱の先に

という文字をかいたまくをつけるのもいいね！

砂袋　ねんど

くるくると面がかわるおもしろさもある。

④ 色をぬったり、絵をかいたりしたうちわをダンボールにさしておく。
アクリル絵の具を使うとつやがあってきれいだし、さわっても色がおちなくてよい。

うちわ

① わりばし2ぜんを布ガムテープでつなげて長くする。

② 3分の1のところにもう1ぜんを交差させて輪ゴムでつける。

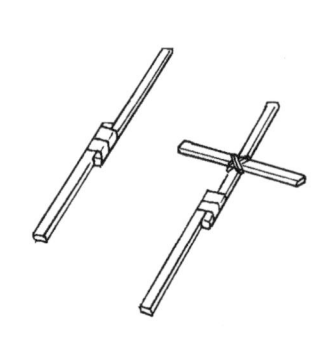

③　紙に布ガムテープでとめる。
④　紙とわりばしにのりをつけ、もう1枚の紙を上から木工用ボンドではる。
⑤　まわりをビニールテープなどでとめておくとよい。

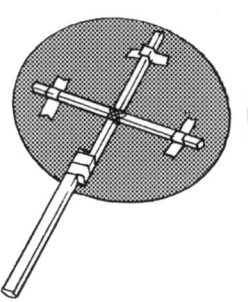

絵は前もってかいておく。

うちわのでんでんだいこ

①　うちわの両はじにひもを布ガムテープではる。
②　フィルムケースのふたに穴をあけてひもを通し、結び目をつくる。

応援にも使えるし、あつい時はあおげて便利だよ。

うちわの形がバラバラの時は、アクリル絵の具で同じ色にぬっておくとよい（チームカラーやいろいろな明るい色にぬる）。アクリル絵の具はピカピカして色おちもなく、きれいです。

ペットボトルのメガホン

大きな声で応援したり、たたいて音を出したり！
運動会の他、ドッジボール大会などの応援の時にも。

①　ペットボトル（500ml）の底の部分にカッターで切り口をつくり、ハサミで切る（切る時、切り口が危険なので注意）。
②　切り口にビニールテープをはる。
③　側面にはビニールテープをはったり、油性マジックできれいにもようをつける。

運動会

牛乳パックのはりせん

① 1リットルの牛乳パック3本分を開いて、上下を切りとる。
② 3本分を布ガムテープでつなげる。
③ 交互に折っていく。
④ 下5cmのところを布ガムテープでまとめる。
⑤ チームカラーの色でぬったり、好きな絵をかいたりする。

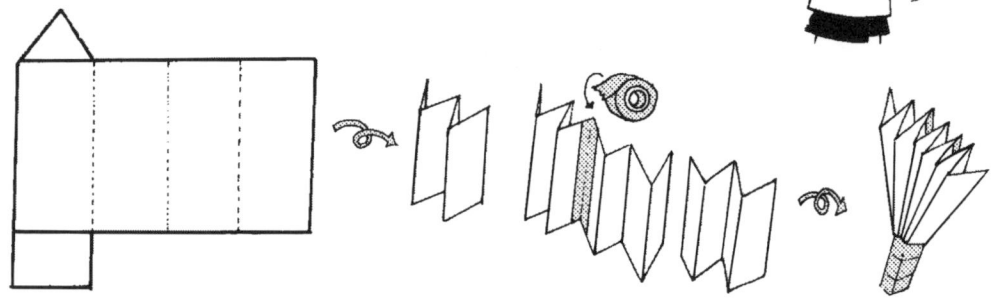

クラスの旗

応援する時に力いっぱいふるともりあがります。
おさんぽや遠足にもっていくのもいいですよ。

① 大きなもめん布に、クラス名や好きな絵をかく（布染め用クレヨンが便利。手型でもよい）。
② 両はじをぬう（棒につける側は、棒より大きめのふくろ状にぬう）。
③ 棒（園芸用支柱）を通す（下の部分にひもをつけ、棒にしばると安定する）。

個人用プログラム

かんたんな見開きタイプ

運動会数日前に、1人ひとりのプログラムとして家へもってかえります。種目の他に、歌の歌詞、応援のセリフなどいっしょにのせてもいいですね。

ひとまわり大きい色画用紙の内側に、プログラム内容をコピーした紙をはる。

中心にカラーのひもなどをつけるとゴーカな雰囲気。

中心の部分だけのりづけすれば大丈夫。

ダルマがとびだすプログラム （p.90に型紙をのせています）

画用紙に図のように絵をかく。カッターで切りこみを入れ、山折り、谷折りにあわせて折る。

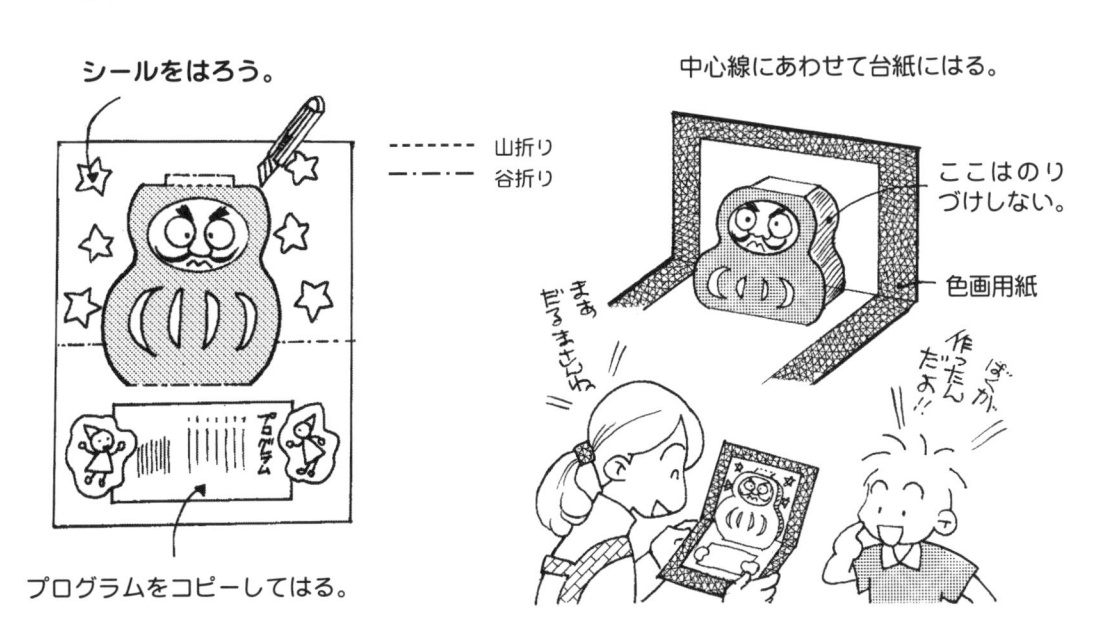

シールをはろう。

------- 山折り
-・-・- 谷折り

中心線にあわせて台紙にはる。

ここはのりづけしない。

色画用紙

プログラムをコピーしてはる。

うちわタイプ

園や学校によっては、あつくなりはじめるころに
運動会をするところも多いでしょう。
パタパタあおげるので、うちわタイプのものは便利です。

① 厚紙を丸く切る。
② プログラム内容をかいた（またはコピーした）紙をはる。
③ 下から3cmのところに直径3cmくらいの穴をあける。

プログラムはカラーの
紙を使うとよい。

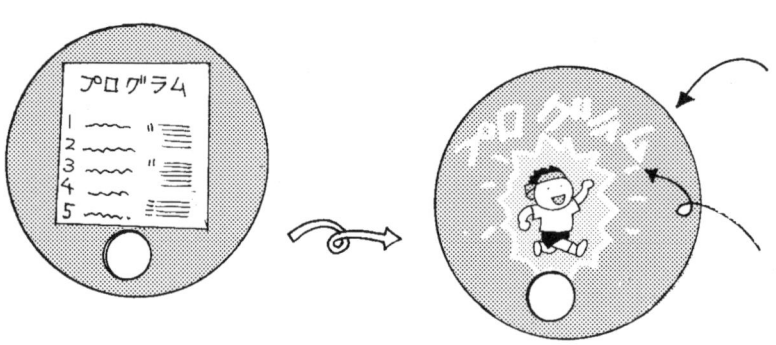

反対側は、チームカラー
でぬったり好きな絵を
かいたりする。

文字は、スタンプ遊びで
子どもがおしたり
してもよい。

大きなプログラム

個人用プログラムだと、運動会当日、種目に
参加している時に手に持っていられないことも……。
これなら一目で見られて便利。

① もぞう紙などの大きな紙に、
大きな文字でプログラム内容
をかく。
② ダンボールを開いたものな
どにはる。

2階のテラスから下げたり、
ジャングルジムにつけたりするとよい。

このようなプラカード式もいいですね。土台だけつくっておけば、集合場所のお知らせや、いろいろな案内板として使えます。

Tシャツを使ってひと工夫

A そめてみよう

① 白いTシャツを用意する。
② 好きなところをつまんで輪ゴムできつくしばる。
③ 染料で染める。

自然のもので染めてもよい。フジの葉、サクラの葉、ヨモギ、玉ネギなど。

ハチマキやクラスの旗を同じ色で染めるのもいいですね。

B Tシャツの下を切ってみよう

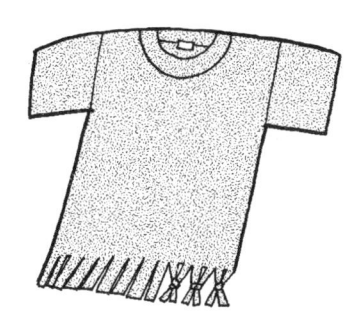

すそをたてに切り、となりどうしを結ぶと、こんな感じのシャツに！

すそをよこに切ると、すそがクルクルとなり、切った部分はハチマキにもできる。

運動会

ひなまつり

→ひなまつりの日をかざる、かわいらしい手づくりのおひなさまはないかしら？

→子どもがおひなさまの写真に写ったり、かんたんな材料でできるひな人形を紹介しましょう。

おひなさまになって写真をとろう

つくり方

① 子どもの全身が入るくらいの紙におひなさまをかく。

A 厚紙の時は、箱にはりつけるとよい。
B うすい紙の時は、大きなダンボールの箱にはって、横と後ろを切りぬくとよい（後ろを切るだけでもよい）。

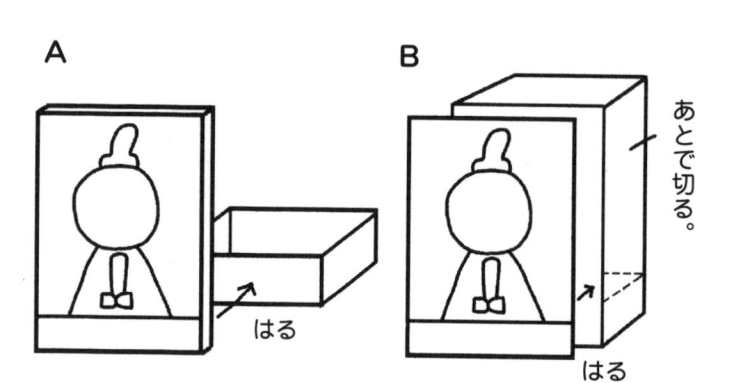

A　　　　　B

はる　　　あとで切る。　はる

② 顔の部分は子どもの顔が出るように切りぬく。

使い方

① 2つならべて、ガムテープなどで床に固定する。
② 子どもたちが顔を出して、記念写真をとろう。

三人官女や五人ばやしがあってもいいネ。

おひなさまのバッグ

材料……牛乳パック　モール　折り紙

つくり方

① 牛乳パックを底から12cmに切る。
② 全体にきれいな折り紙をはる。
③ 後ろと前に、それぞれおひなさまとおだいりさまを折り紙でつくってはる。顔を子どもたちの写真にしてもいいし、絵をかいてはってもよい。
④ 上にモールの持ち手をつける。

ひなあられを入れてもいいし、花さしやえんぴつさしにもできるよ！

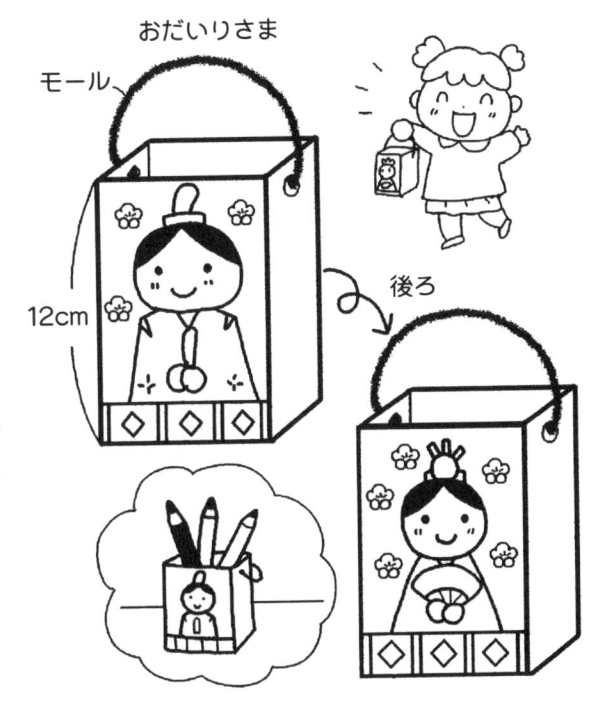

紙コップびな

材料……紙コップ　折り紙
子どもの写真●子どもの顔が4〜5cmくらい大きく写っているもの

つくり方

① 子どもの写真の顔の部分を切りぬく。顔の大きさはそろえた方がよい。

② 写真を紙コップの上の方にはる。

③ 折り紙を3角に半分に切り、紙コップに後ろからまきつけて、のりでとめる。

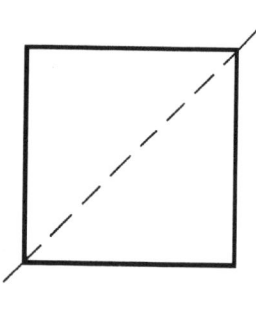

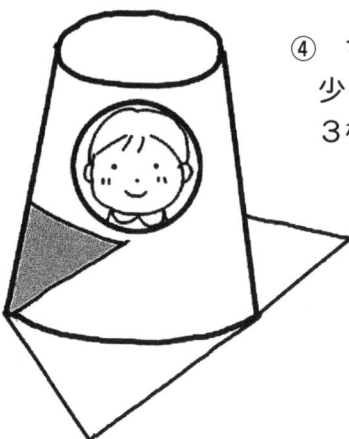

④ ちがう色の折り紙も同じように切り、少し下にずらせて、同じようにはる。3枚くらい折り紙を重ねるとキレイ。

⑤ 紙コップの下からはみだした折り紙を切る。

⑥ 金色の折り紙で、おうぎやかんむりなどの小物をつくり、はる。

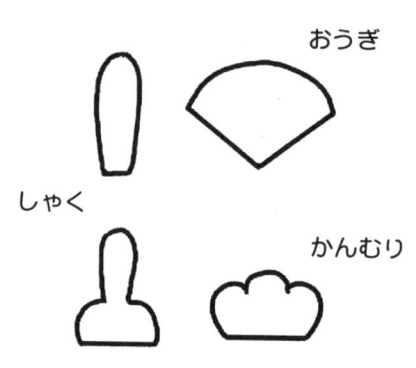

女の子　　男の子　　おうぎ　しゃく　かんむり

使い方

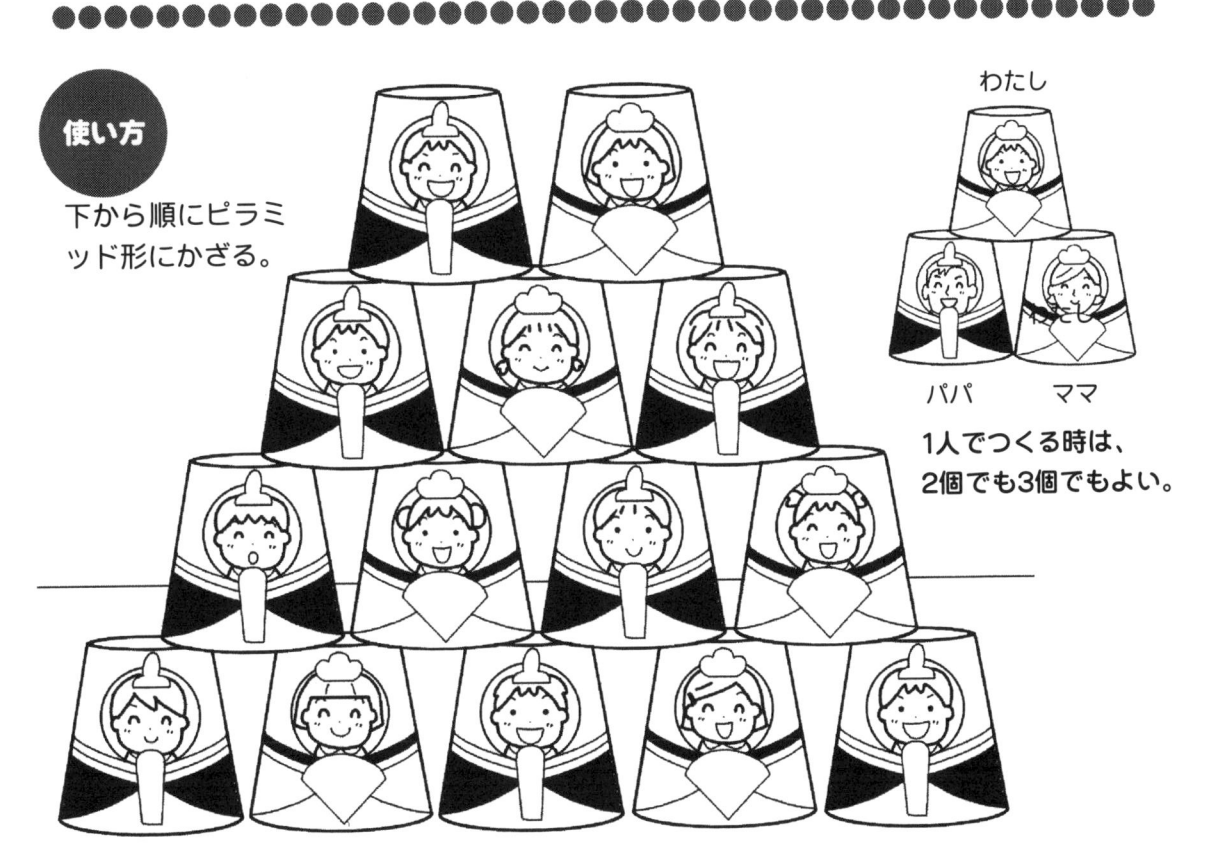

下から順にピラミッド形にかざる。

わたし

パパ　ママ

1人でつくる時は、2個でも3個でもよい。

風などでたおれやすい時は、中に新聞紙などを丸めてつめておくとよい（セロハンテープでとめてもよい）。

おひなさまやおだいりさまになる子を毎日かえてあげよう。

ひなまつりパーティー

ひなまつり

マトリョーシカおひなさま

材料……紙コップ
　　　　色画用紙
　　　　折り紙

つくり方

① 紙コップの底3cmをカッターナイフで切り、そのまわりに金色の折り紙をはってかざり台にする。これを2個つくる。

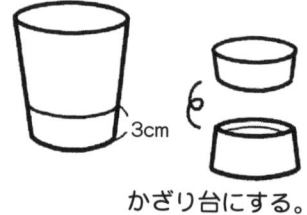

② 色画用紙を図のように2枚ずつ切る。

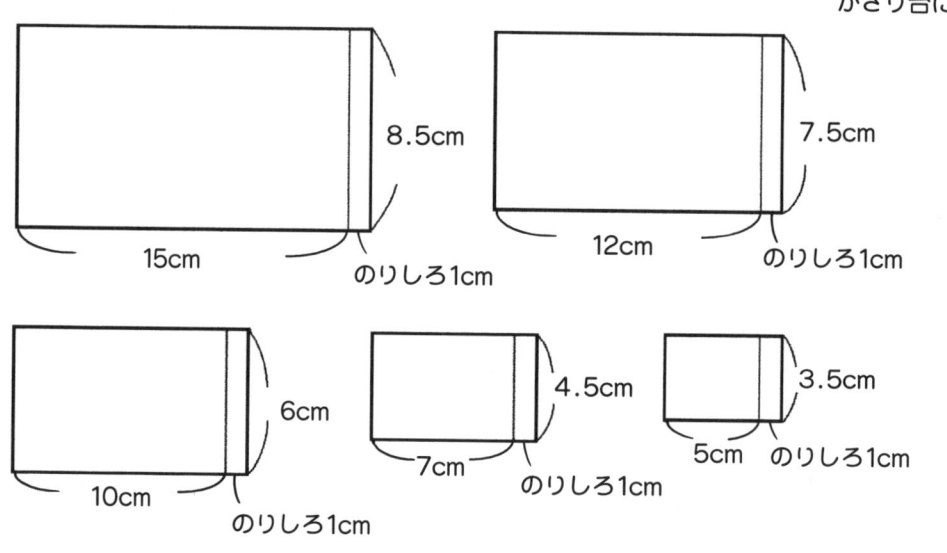

- 15cm × 8.5cm　のりしろ1cm
- 12cm × 7.5cm　のりしろ1cm
- 10cm × 6cm　のりしろ1cm
- 7cm × 4.5cm　のりしろ1cm
- 5cm × 3.5cm　のりしろ1cm

③ それぞれを円筒形にまるめて、のりしろをセロハンテープでとめる。

④ はだ色の折り紙をつつの上の方にまき、髪や目、口などをかく。

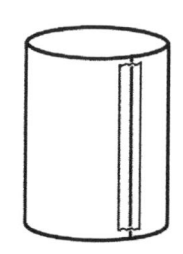

⑤ 千代紙などをつつの下の方にまき、金色の折り紙でつくったおうぎやしゃくをはる。

⑥ いちばん大きいものに順に入れて、かざり台にのせる。または、全部ならべてかざる。

かざり台

まだいるぞ

わあー、でてくるでてくる

ひなまつりカード

子どもたちがつくったおひなさまの展示に、ご家族を招待しましょう。
心も春のようにウキウキしますね。

つくり方

① 色画用紙を2つに折り、切りこみを2つ入れる。

② 前後に折りめをよくつけて、前におしだす（これがひな段になる）。

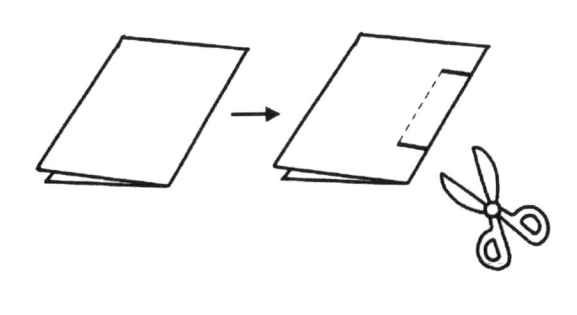

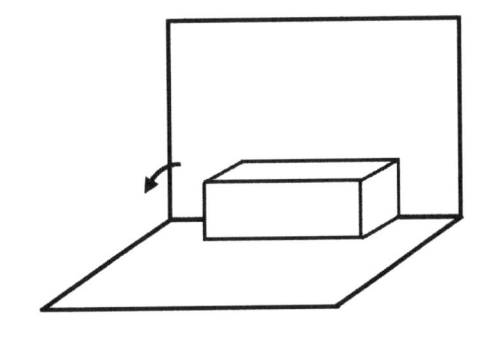

③ 1枚の内側にさらに切りこみを入れて、ひな段をもう1つつくる。

1枚だけ切る。

④ ひな段に、おひなさま人形をはりつける。台の高さより上に顔がくるようにするとよい。

人形は、絵をかいたり、色画用紙の切り絵でつくったり、思い思いにつくろう。

⑤ ひとまわり大きいカード（色画用紙など）にひな段をはる。

とびだす部分はのりづけしないこと。

⑥ カードに案内などをはる。

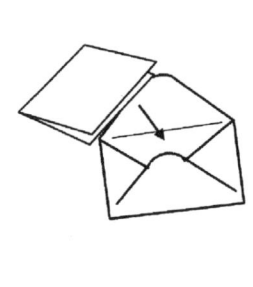

ぜひ 見にきてください。

ふうとうに入れてわたす。

卒園・卒業の思い出グッズ

➡卒園・卒業していく子どもたちへの、何か心に残るステキなおくり物はないでしょうか？

➡ずっと心に残る、宝物のような心のこもったものを子どもたちにはあげたいですね。それが手づくりなら、あたたかい気持ちも伝わります。

おめでとうBOX

園・学校での楽しかった思い出や宝物がいっぱいつまった箱です。

材料
子どもたちの写真　　木工用ボンド
おかし箱などの、ふたつきの空き箱
きれいな布や紙　　リボン　　手芸用ひも
紙ナプキン　　包装紙　　思い出の採集物など

つくり方

① 空き箱のふたにきれいな布や紙をはる。

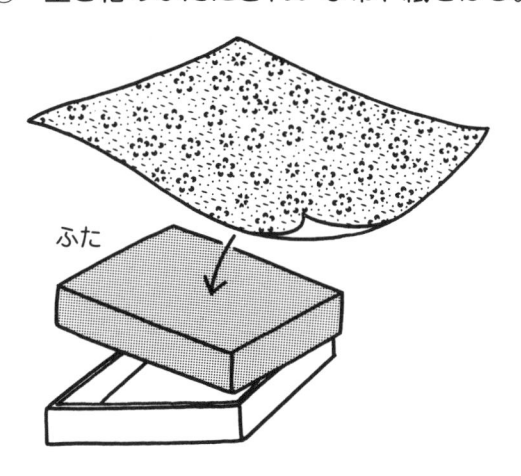

② ふたのまん中にまどのスペースをかき、Ｘ状の切りこみを入れる。内側に折りこんで裏ではる。切りこみは写真よりひとまわり小さいサイズがよい。

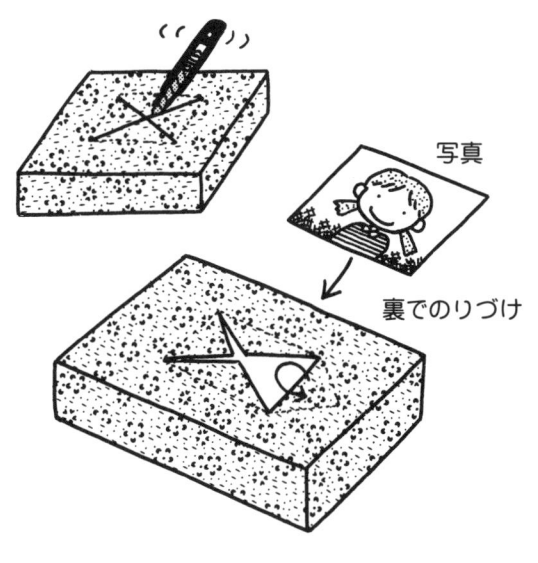

ふた

写真

裏でのりづけ

布は、裏がシール状になっていて、裏の紙をはがすだけではれるものがあるので便利。手芸店にあります。

③ えんぴつで「おめでとう」の文字の下がきをする。
④ 手芸用のひもを切り、下がきの上に木工用ボンドではる。
⑤ リボンをかざるようにはる。
⑥ ふたの裏から写真をはる。
⑦ 名前のシールをはる。

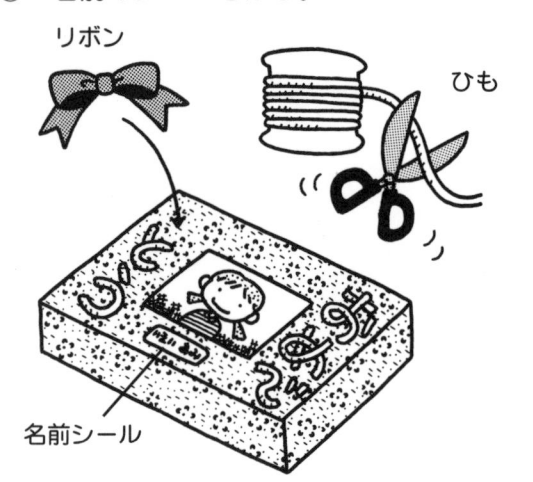

⑧ 箱に入っていたビニールのしきものなどをそのまま利用する。なければ紙ナプキンや包装紙を切って底にしき、思い出の石や貝殻などの採集物、折り紙などのプレゼントを入れる。

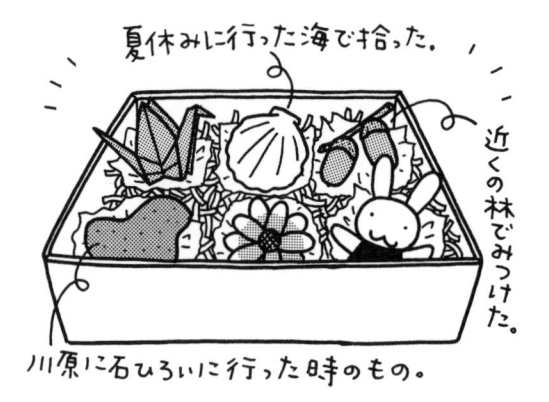

夏休みに行った海で拾った。
近くの林でみつけた。
川原に石ひろいに行った時のもの。

しきものを入れて動かないようにしましょう。

リボン
ひも
名前シール

おめでとう！
わぁ…！
わ〜い♪

卒園・卒業の思い出グッズ

ランドセル型カウントダウンカレンダー

かわいらしいランドセルが、卒園式までの
日にちを知らせます。卒園式の日には、
ランドセルをプレゼントしましょう。

おめでとう！

つくり方

材料
牛乳パック　　画用紙　　名前シール
色画用紙（ふつうのものとやや厚めのもの）

① 牛乳パックを底から8cm切る。

② 色画用紙をまわりにはる。

色画用紙

③ ②ではった色画用紙と同じ色の少し厚
手の色画用紙を、図のように切ってはる。

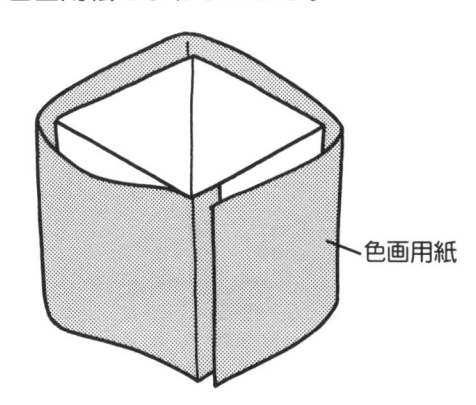

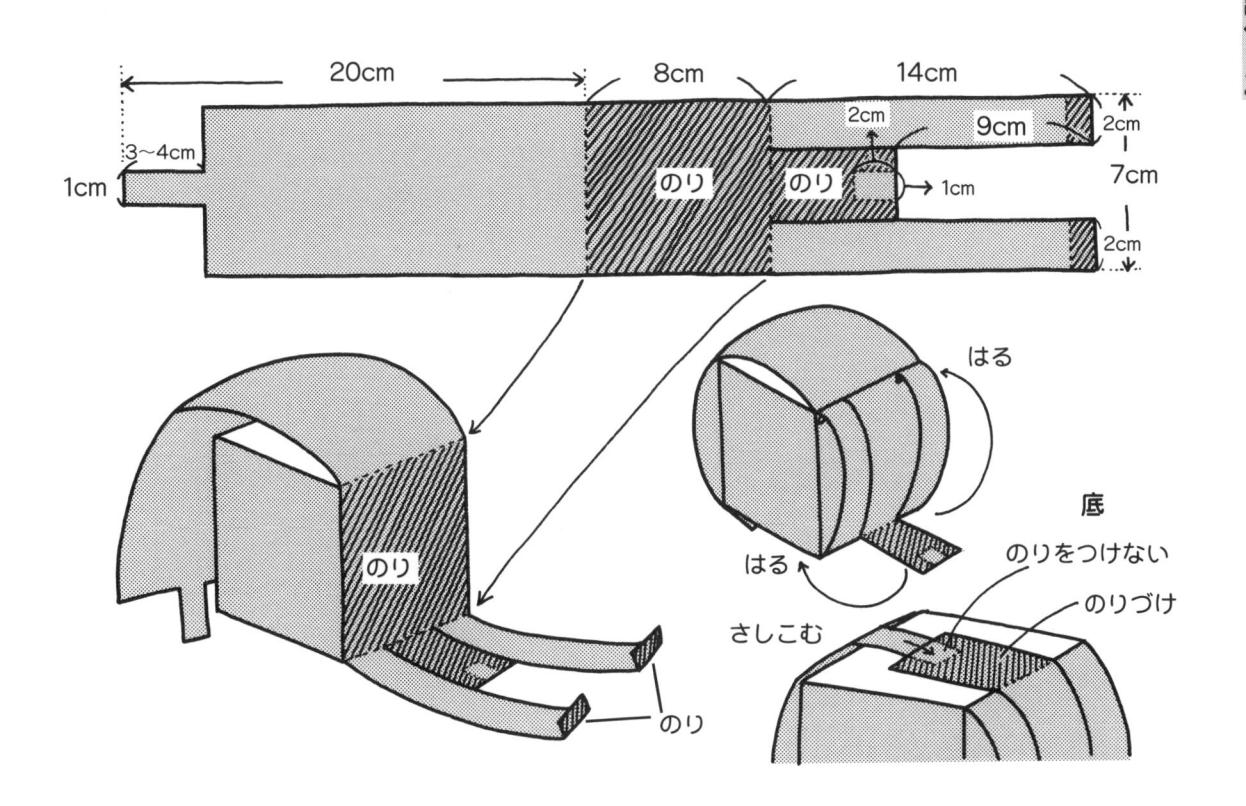

20cm　　　8cm　　　14cm
3〜4cm
1cm
のり　のり
2cm
9cm　2cm
7cm
2cm

のり

はる
はる
さしこむ

底
のりをつけない
のりづけ

卒園・卒業の思い出グッズ

かざり方　その1

　壁から3〜4cmくらいはなしたところに棒をわたし、つくったランドセルに名前シールをつけてかけておきます。卒園まで16、15……というカウントダウンの日数を画用紙にかいて、毎日1つずつはっていきます。

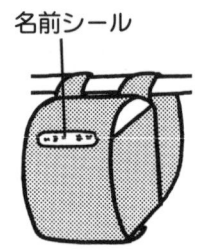

かざり方　その2

　ロッカーや戸棚などの上に日数の多い方からかざります。壁などにはってしまうと立体のおもしろさがなくなるので、少々動いてもそのままならべた方がよいでしょう（毎日1つずつ残り日数をはってもいいし、全部はじめからはっておいてもよい）。

　1つずつのランドセルに先生からの手紙を入れておいて、卒園式の日に子どもたちにわたすとよいでしょう。

思い出の等身大アルバム

大迫力の等身大アルバムは、子どもと先生との共同製作です。ポーズや絵も工夫してみましょう。

材料
もぞう紙　絵の具やクレヨン
色画用紙　メッセージカード
スタンプ台

つくり方

① 先生が子どもの体の形をとる。

② 子どもが絵の具やクレヨンで顔や体をデザインしてかく。名前もかく。

③ 足形・手形をおす。

④ 先生がタイトルをかく。
⑤ 身長、体重、すきな遊び、先生から、おうちの方から…などをかいたメッセージカードをはる。

卒園・卒業の思い出グッズ

卒園・卒業の思い出グッズ

子どもの名前

けんじくんの おもいで

子どものプロフィール

おおきく なったら… だいくさん

しんちょう 110 cm
たいじゅう 23 kg

手形

足形

すきなあそび かくれんぼ

すきな おともだち としくん あーちゃん

先生やおうちの方からのメッセージ

せんせいより. いつもげんきでやさしいけんじくん でした.

おうちのかたから. なんでもよくたべられるようになりました.

2000ねん3がつ24にち
そつえんきねん. たかぐみ

70

「等身大アルバム」入れ

リリアン風にあんだ毛糸のケースには、絵や賞状、卒園証書などが丸めて入れられます。
手づくりのあみ機でつくってみましょう。

材料
ガムテープのしん　　毛糸
布ガムテープ　　わりばし3本
木工用ボンド　　リボン

あみ機のつくり方

① わりばしを3等分して9本つくる。

わりばしを回しながら、押し切りをする。

② ガムテープのしんに9等分の印をつけ、わりばしを木工用ボンドではっていく。しんから1.5cmくらい出してはる。

●9等分のしかた●
紙テープなどをまいて長さをはかり、それを9等分すると便利。

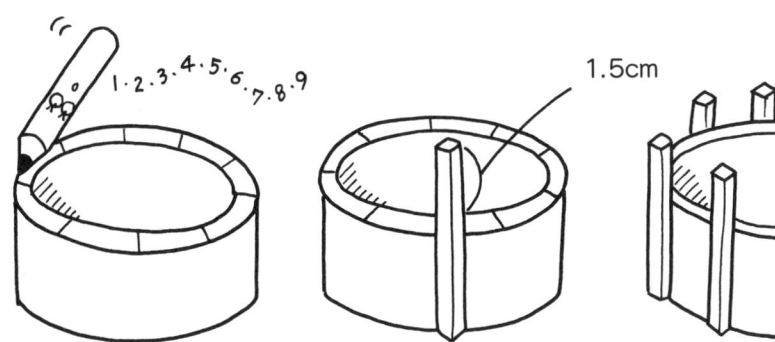

③ 布ガムテープをわりばしの上からまきつける。

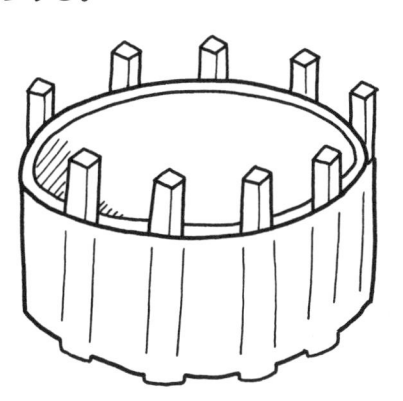

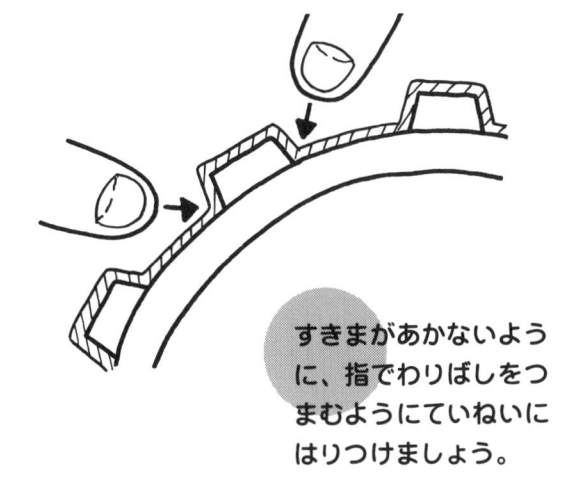

すきまがあかないように、指でわりばしをつまむようにていねいにはりつけましょう。

卒園・卒業の思い出グッズ

あみ方

① あみ機の内側に毛糸の先（5cmくらい）をセロハンテープでとめる（仮どめ）。

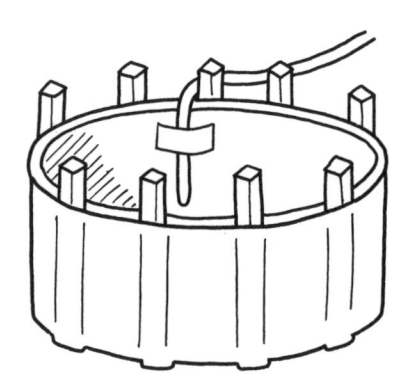

② 近くのわりばしの外側に毛糸をかける。

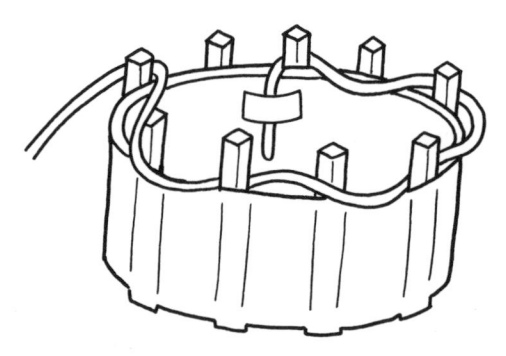

2本目からは内、外、内の順に交互にかけていきます。毛糸をかける時はゆるめにするとあみやすい。

③ そのまま2周目に進んでいく。

④ 3周目に入ったらあみはじめる。下側の糸をつまんで引き、わりばしにかける。

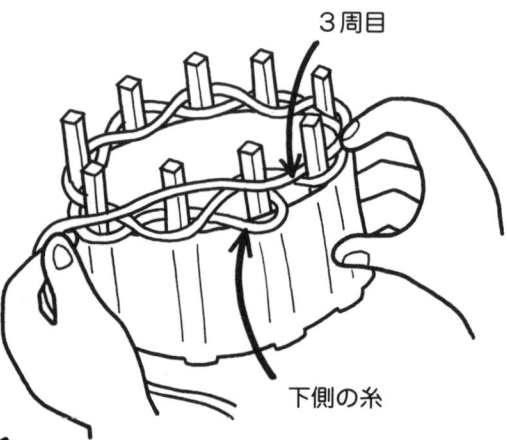

2周目からは交互になっていきます。

3周目

下側の糸

となりの毛糸がはずれないように指でおさえてやるとよい。

卒園・卒業の思い出グッズ

⑤ これをくり返すと、しんの内側にどんどんあめていく。

あるていどの長さにあんだら、①でとめた仮どめのセロハンテープをはずしてください。

⑥ 30cmくらいになったら、はじめにわりばしにかけた"目"にリボンを通し、わりばしからはずす。

⑦ もう片方にもリボンを通し、紙を丸めて入れ、ちょうどよい太さにしばる。

⑧ くさりあみで150cmくらいの長さのひもをつくり、本体に10cm間隔で通し、持ち手にする。

ひもを短くして手にさげるようにしてもいいね。

バットケースにもなるよ。

卒園・卒業の思い出グッズ

応用

このあみ機で、マフラーや携帯電話ポーチなど、いろいろとあむことができるのでやってみよう。
『手づくりあみ機で楽しむ あみもの＆プレゼントグッズ』（木村 研編著　いかだ社刊）では、この他にいろいろなあみものグッズのつくり方を紹介しています。ぜひそちらもごらんください。

卒園児にプレゼントの鉢植え

卒園児・卒業生たちに、手づくりの鉢カバーに入れたチューリップの球根の鉢をプレゼントしましょう。

材料
ペットボトル　梱包用ビニールシート
ビニールテープ　チューリップの球根
黒ビニール製の苗用の鉢　ビニール袋

鉢カバー

つくり方

① ペットボトルの底を、黒ビニール製の苗用の鉢の大きさにあわせて切る。

> カッターで切りこみを入れて、あとはハサミで切るとよい。

切る

② ふちにビニールテープをはる。

③ ビニールテープや色画用紙、梱包用ビニールシートなどでかざり、油性ペンでもようをかく。

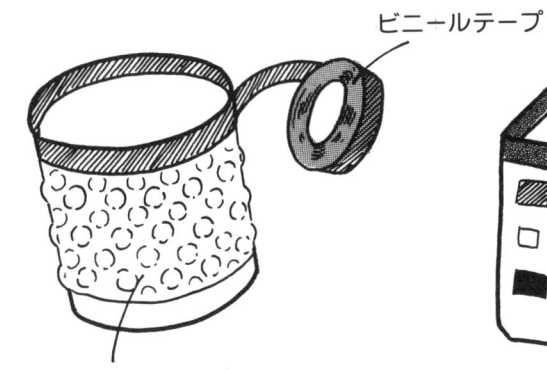

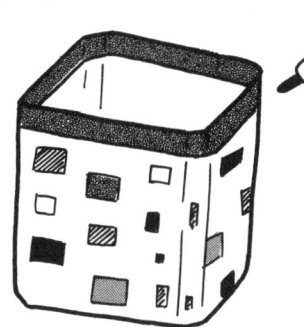

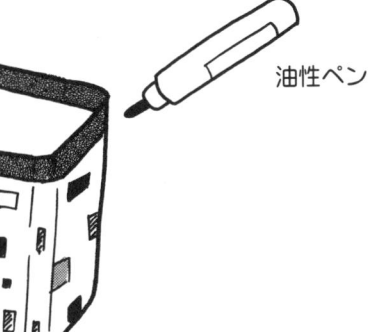

ビニールテープ

油性ペン

梱包用ビニールシート

④ 中に黒い鉢を入れる。

大きめの空き缶でもつくれるよ。

卒園・卒業の思い出グッズ

チューリップの鉢植え

　黒ビニール製の苗用の鉢に、チューリップの球根を子ども（4歳児）が植えます。これを鉢カバーに入れ、ビニール袋に入れてプレゼント。

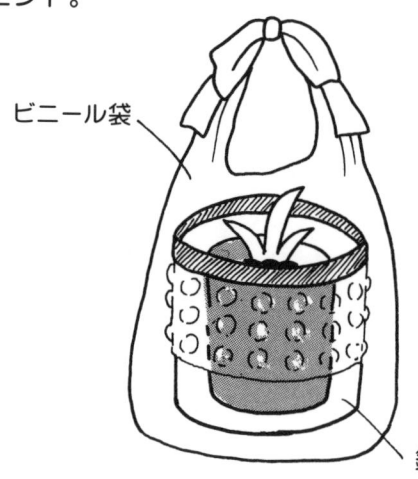

ビニール袋

鉢カバー

卒園・卒業式にかざって、帰る時にプレゼントしよう！

お祝いカードもいっしょにつけよう

「花が咲いたら知らせてね」と往復はがきの形にするとよい。
画用紙や色画用紙を往復はがきのサイズに切ります。
表に「おめでとう」のことばをかき、半分はあて名と
メッセージがかけるようにすれば、返信用はがきとして利用できます。

5月ころ返信用はがきを廊下に掲示して春の装飾コーナーに。

こんなリボンをつけてもいいね！

卒園・卒業の思い出グッズ

思い出ビデオ

おわかれ会や卒園・卒業式に、子どもたちが
1年間にかきためた絵を使って、
思い出の話をしてもらいましょう。

材料
子どもたちがかいた絵‥‥B4の画用紙に
　1年を通してそのときどきにかいた絵
缶ビールのダンボール箱2個
色画用紙　　木工用ボンド

つくり方

① 子どもの絵にあわせて、ダンボール箱の画面になる部分を切りぬく。
② ふたの部分は裏に折り返してはりつけると丈夫になる。

ア
34～36cm
23～25cm
裏に折り返してはりつける。

③ まわりに色画用紙をはる。
④ もう1箱は15cmくらいのところで切りはなし、同じようにまわりに色画用紙をはる。

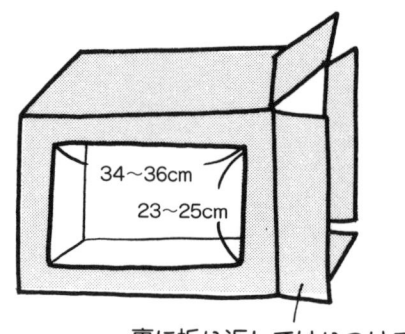

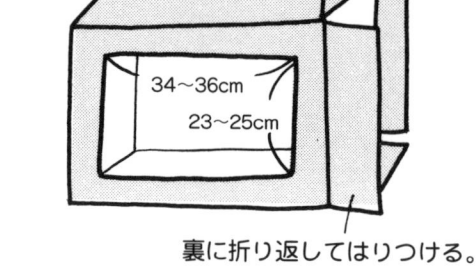

イ
15cm

⑤ アとイをはりあわせる。
　布ガムテープなどを使ってもよい。

⑥ 裏にダンボール紙やベニヤ板であて紙をすると強くなる。

あて紙

⑦ イで使った残りの箱を広げてついたてをつくる（絵を固定させるため）。

⑧ ダンボール紙でネームプレートを入れるポケットをつくる。イにはりつける。

⑨ 色画用紙でネームプレートをつくる。

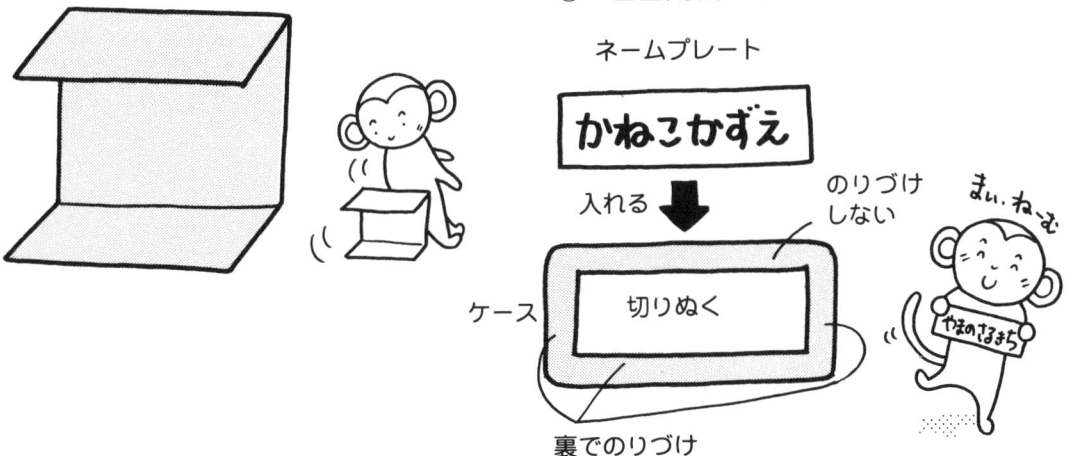

ネームプレート

かねこかずえ

入れる　　のりづけしない

ケース　切りぬく

裏でのりづけ

⑩ かざりをつけたり、文字をかき入れる。

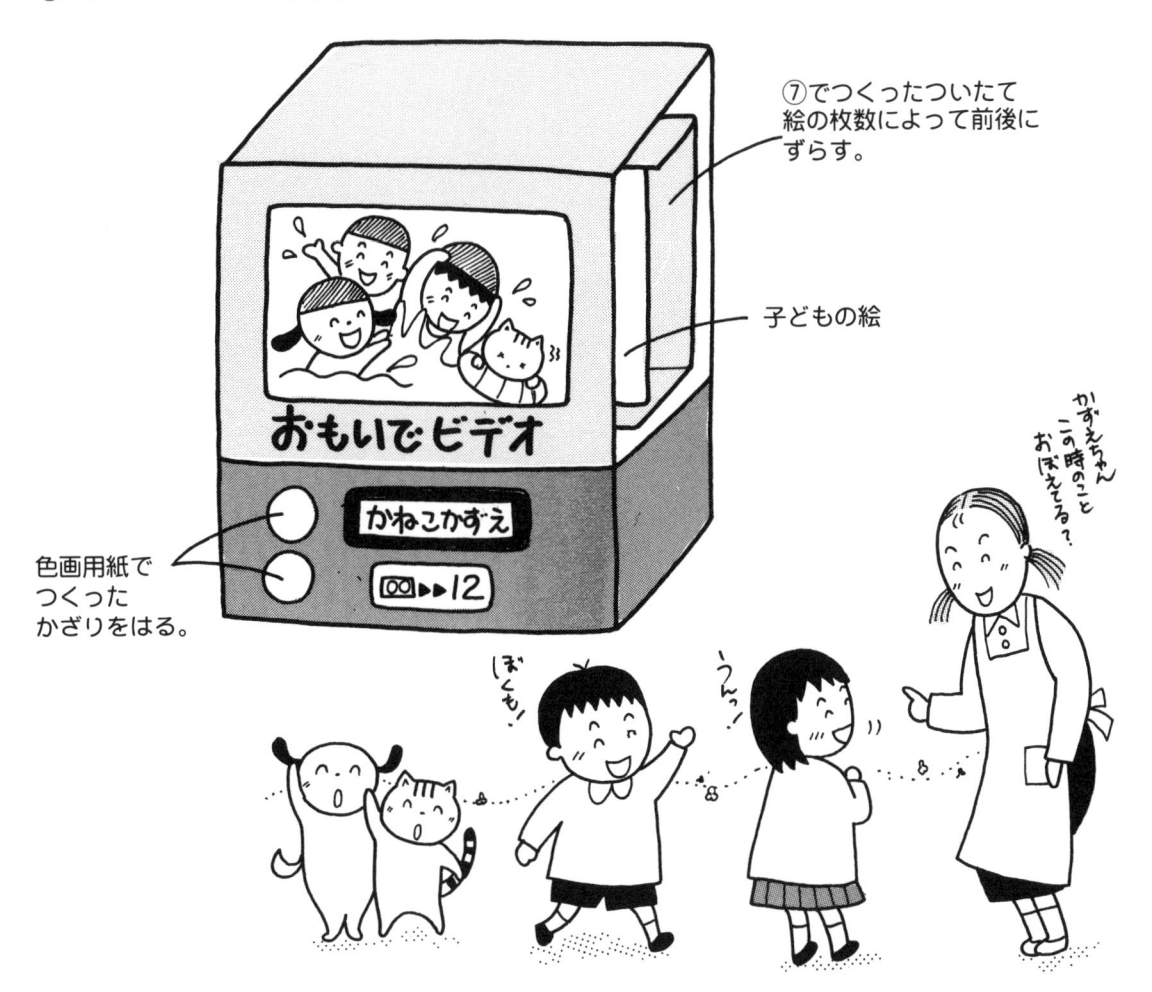

⑦でつくったついたて絵の枚数によって前後にずらす。

子どもの絵

おもいでビデオ

かねこかずえ

色画用紙でつくったかざりをはる。

卒園・卒業の思い出グッズ

卒園・卒業の思い出グッズ

使い方

先生が子どもの絵、ネームプレートを入れてあげ、子どもを紹介する。子どもはビデオの前に立ってみんなに向かってお話をする。子どもが話し終わったら、絵をぬいてついたての後ろに入れる。

80

いろんな行事で使えるお面

○おばけやしき、節分の豆まき、お楽しみ会など、行事の際にお面があると重宝します。つくってしまっておけば、行事の度につくらなくてもすみます。子どもたちが自分でつくるやさしいお面といっしょに紹介しましょう。

折り紙のインスタントお面

（p.92に型紙をのせています）

材料
折り紙……顔がかくれるくらいの大きさのもの
セロハンテープ

つくり方

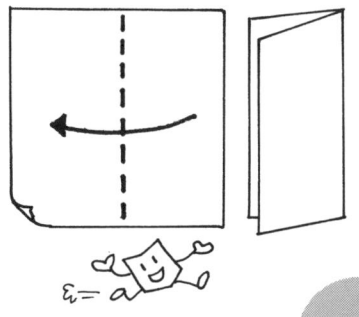

① 顔がかくれるくらいの折り紙を半分に折る。

② おにのりんかくを切りぬく。

③ 目と口を切りぬく。

下がきをしてもいいし、いきなり切ってもよい。

④ ひらくとできあがり。

子どもたちの顔にセロハンテープではってあげよう。

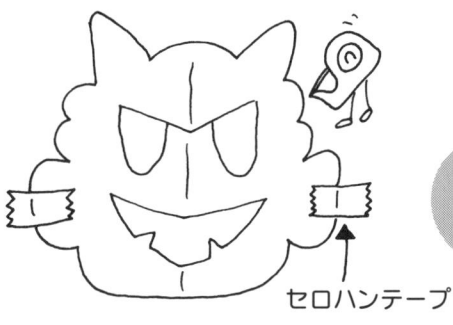

セロハンテープ

幼児は顔にはるといやがるかもしれないので、その時はTシャツにはってあげよう。

応用 いろんなキャラクターでつくってみよう

目をたまご型に

ウルトラマン　　うさぎ

豆まきの時などに泣き出しちゃう子には、ウルトラマンでへんしん。パワーをつけてあげましょう。

「ウルトラマンだぞ〜!」

紙ぶくろのへんしんお面

材料　紙ぶくろ
　　　……底のついているものがよい

つくり方

① 紙ぶくろを用意して、かぶる人（子ども）がかぶって目の位置をきめる。

ふくろが長い（底に頭がくっつかない）時は、長いままでつくるか少し切る。

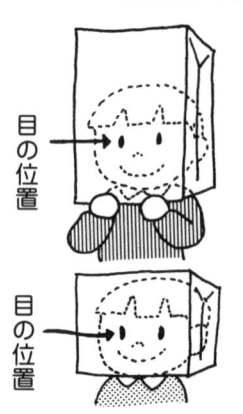

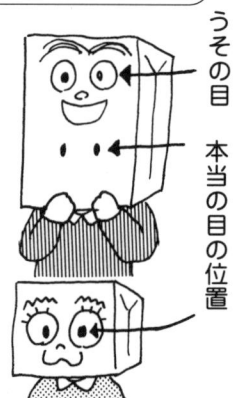

目の位置／うその目　本当の目の位置

② 本当の目の位置に、千枚通しなどでたくさん穴をあける。

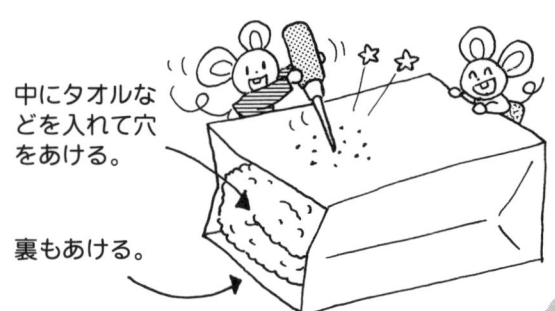

中にタオルなどを入れて穴をあける。
裏もあける。

中から見ると、外がよく見えるよ！

③ ふくろの表と裏に顔をかく。

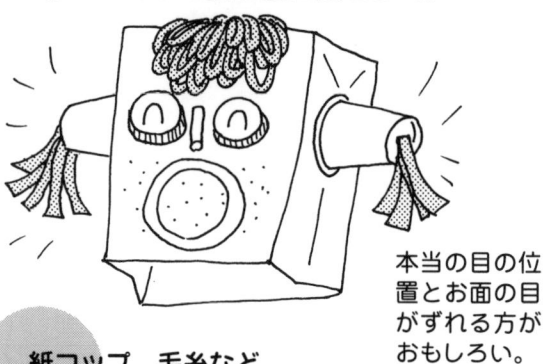

本当の目の位置とお面の目がずれる方がおもしろい。

紙コップ、毛糸など、いろんなものをはりつけてもよい。

いろんな行事で使えるお面

表と裏はできるだけ
ちがう顔にしよう。

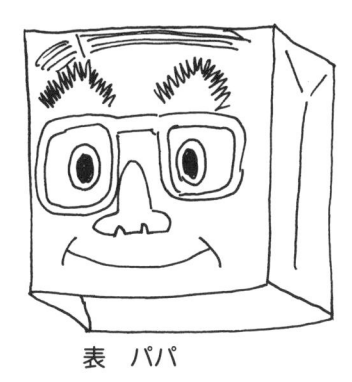

表 パパ　　　　　　裏 忍者

使い方

① お面をかぶる。
② お面を回転させると
　　へんしんできる。

へ〜んしん

豆まきの時にも使ってね！
ふくろだから、豆があたっ
てもいたくないよ。

お面づくりのコンクールも
楽しいね！

おには
そと〜

箱の立体お面

材料……ダンボール箱　　ひも

つくり方

① ダンボールのかどを図の
　　ように切る。

② 底を切りとる。

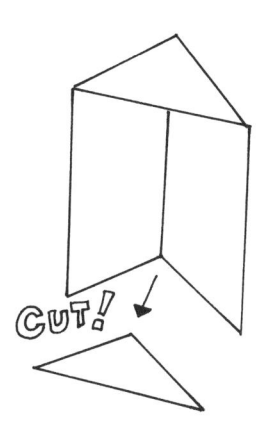

③ 顔につけて目の
　　位置をたしかめる。

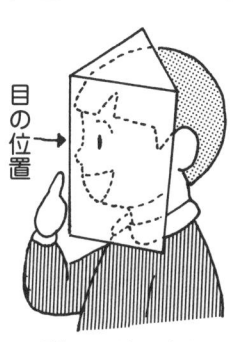

CUT!

CUT!

目の位置

頭にのせるように
する。

いろんな行事で使えるお面

④ 目を切りぬく。　　　　⑤ ひもをつける。

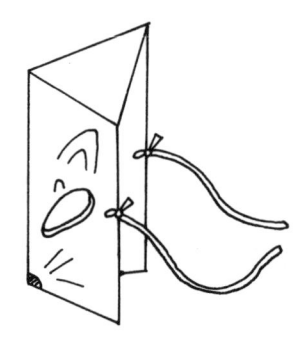

キツネの場合
顔をかく。

ひもをしばってお面にしよう。

応用

正方形の箱があれば、そのままお面にしよう。

とうめいのコップなどを木工用ボンドやセロハンテープではる。

いろんな行事で使えるお面

おにのお面

材料
いちごパックの空き箱
紙コップ　　　ビニールテープ（黒、黄）
アクリル絵の具　　平ゴム　　毛糸
セロハンテープ　　木工用ボンド

つくり方

① 空き箱に、子どもの目の位置をたしかめて穴をあける。

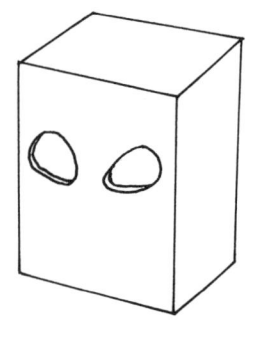

② つのは、紙コップに黒と黄色のビニールテープを交互にはり、セロハンテープで箱につける。

目の位置のきめ方

ビニールテープ

③ フェルトペンでまゆ毛、口、鼻などをかき、顔にアクリル絵の具をぬる。つのをセロハンテープでとめる。

④ 箱の左右に穴をあけ、平ゴムを通して結ぶ。

平ゴム

アクリル絵の具は
つやがあり、
色落ちしないよ！

⑤ 頭に毛糸を木工用ボンドでつけてできあがり！

毛糸

使い方

A
赤や青、黄色のおにをつくっておにごっこをしよう。

B
園では、先生がお面をかぶり、子どもが新聞紙でつくったボールをあてっこしたりしよう。

玉入れおに

お面はお面でも、玉入れで
遊べるお面です。玉を入れやすいように、
年齢によって玉や口の大きさを調節してください。

材料……ダンボール箱
　　　（子どもが背負って走れる大きさ）
　太めのひも　　新聞紙　　画用紙

つくり方

① 箱の大きさにあわせて画用紙におにの絵をかく。口は大きめにかく。

② 箱にはる。切りぬいてはってもよい。

③ カッターナイフで下の箱といっしょに口を切りぬく。

切りぬく

いろんな行事で使えるお面

④ 背負えるように箱に太めのひもをつける。

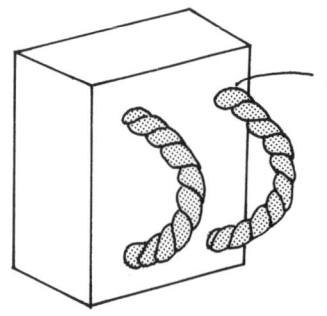

穴をあけ、ひもがぬけないように中で結ぶ。

⑤ 新聞紙をボールの大きさくらいに丸めてセロハンテープなどでとめる（口に入る大きさにしよう）。

セロハンテープ

1mくらい

使い方

① おにをきめ、「玉入れおに」を背負ってもらう。
② 5～10人くらいのチームにわける。
③ 1チームずつ行う。全員が玉を2個ずつ持って位置につく。
④ 「はじめ」の合図で玉を投げる。時間を決めてやり、多く玉を入れたチームの勝ちとする。おには交代してやってみよう。

応用

小学生なら、おにごっこをしながら入れてみよう。
むずかしいぞ！

大型ゆらゆらおに

手足もついた大きなおにです。
節分の豆まきで大活躍まちがいなし。
動きもとってもユーモラス！

つくり方 （p.93に型紙をのせています）

① ダンボール紙などの厚紙で、顔・胴・腕・鼻・手・太もも・足をそれぞれつくる。

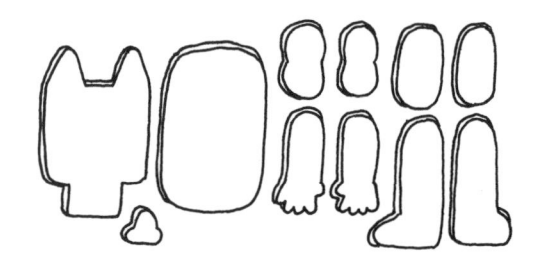

材料……ダンボールか厚紙
割りピン　　ひも
ラップのしん　アクリル絵の具
木工用ボンド

② 顔につのや目・口などをかき、胴にも色をぬる。
広い部分をぬるにはアクリル絵の具を使うとよい。

いろんな行事で使えるお面

③ 顔と胴は割りピンでつなぎ、腕は肩に固定し、手足は穴をあけてひもを通して結ぶ。

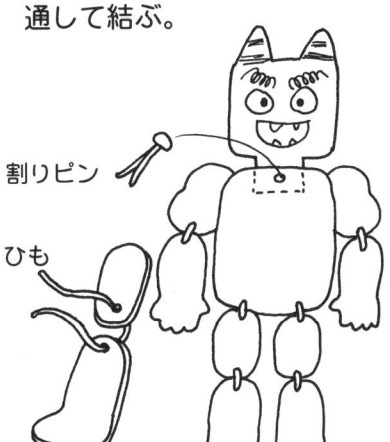

④ 布でパンツをつくってはかせてもいいし、はじめからかいてもよい。

⑤ 鼻の部分には、ラップのしんがちょうど通るくらいの穴をあける。

割りピン

ひも

ラップのしん

穴をあける

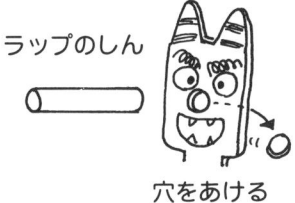

⑥ ラップのしんの先に木工用ボンドをぬり、鼻をはって顔の穴に通す。

鼻

使い方

A ラップのしんを持ってゆらすと、顔・胴・手足がゆらゆらゆれる。動かして遊ぼう。

B 新聞紙などでつくったボールを子どもが投げて追いかけっこをしたり、豆まきの練習に使ったり、手足を動かしてお話をしたり……。

ペンダント形ももバッヂでパワーアップ！

ボール紙などの厚紙で、"ももバッヂ"をつくろう。節分の時、このバッヂをつけていると「おにに強い桃太郎と同じパワーを持つことができる」とすれば幼児たちは大喜び。

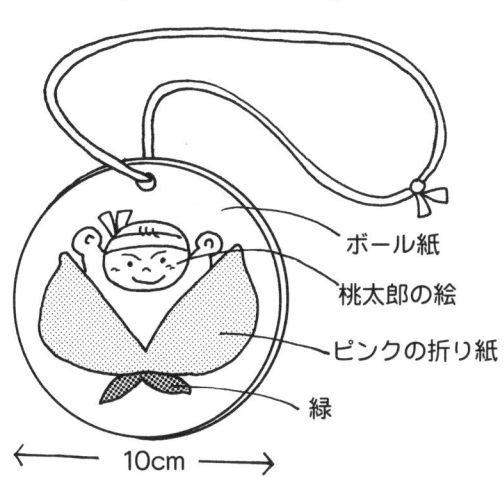

ボール紙
桃太郎の絵
ピンクの折り紙
緑
←10cm→

わあ！桃太郎バッヂだあ〜

ももパワ〜だ

いろんな行事で使えるお面

コピーしてつくれる グッズ型紙

インスタントカメラ用写真　（p.13）実物大

絵をかいたり、写真をはってみよう！

名ふだ　（p.6「れんらく帳入れ」ほか、いろいろな目的で使ってください）

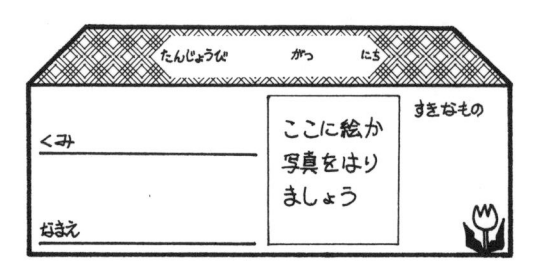

ここに絵か写真をはりましょう
くみ
なまえ

たんじょうび　がっ　にち
くみ
なまえ
すきなもの
ここに絵か写真をはりましょう

自己紹介の本　（p.12）

誕生日や住所地などをかきこみましょう。

すきなスポーツ・テレビ・趣味などをかきこみましょう。

すきなことは

すきなたべものは

いっしょうけんめい

わたしのなまえは
なまえ

でいちばん すきなのは

わたしが たんにんです

これからも よろしく
みなさん すてきなこどもたちばかりで

写真をはる
たくしゃ

ぐみ

コピーしてつくれるグッズ型紙

ダルマがとびだすプログラム （p.55）

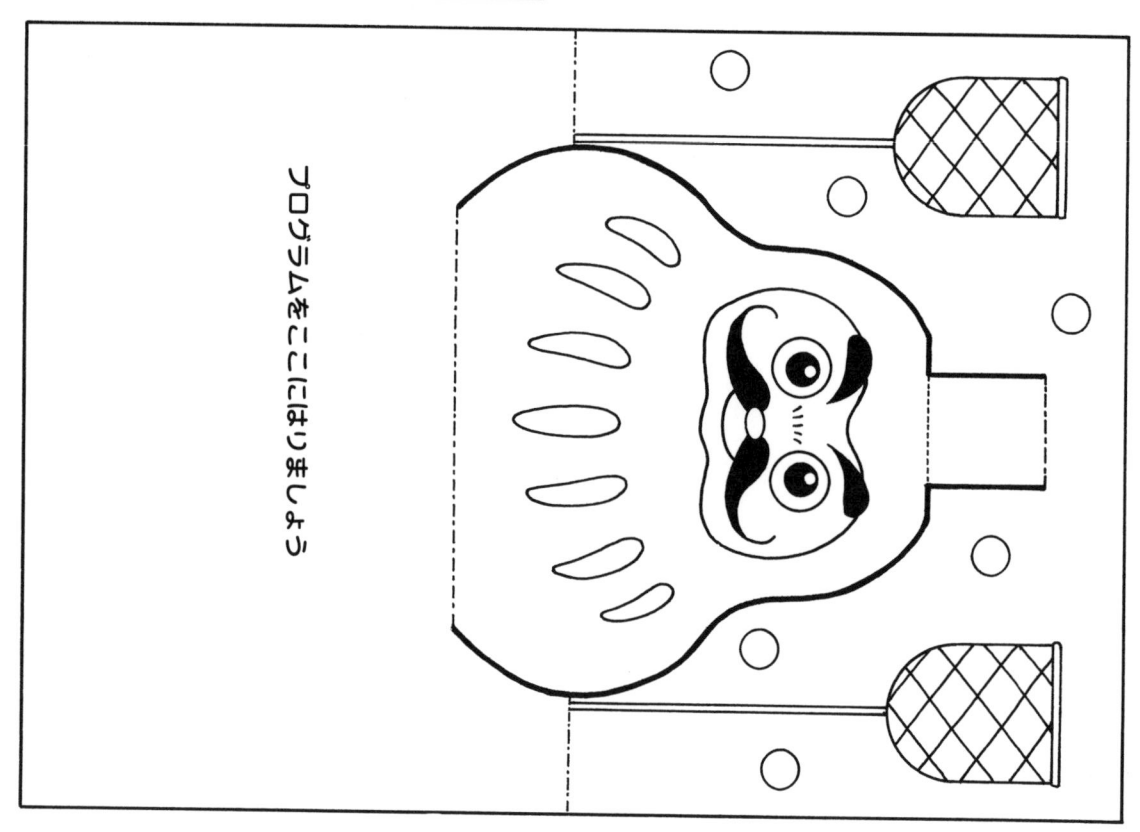

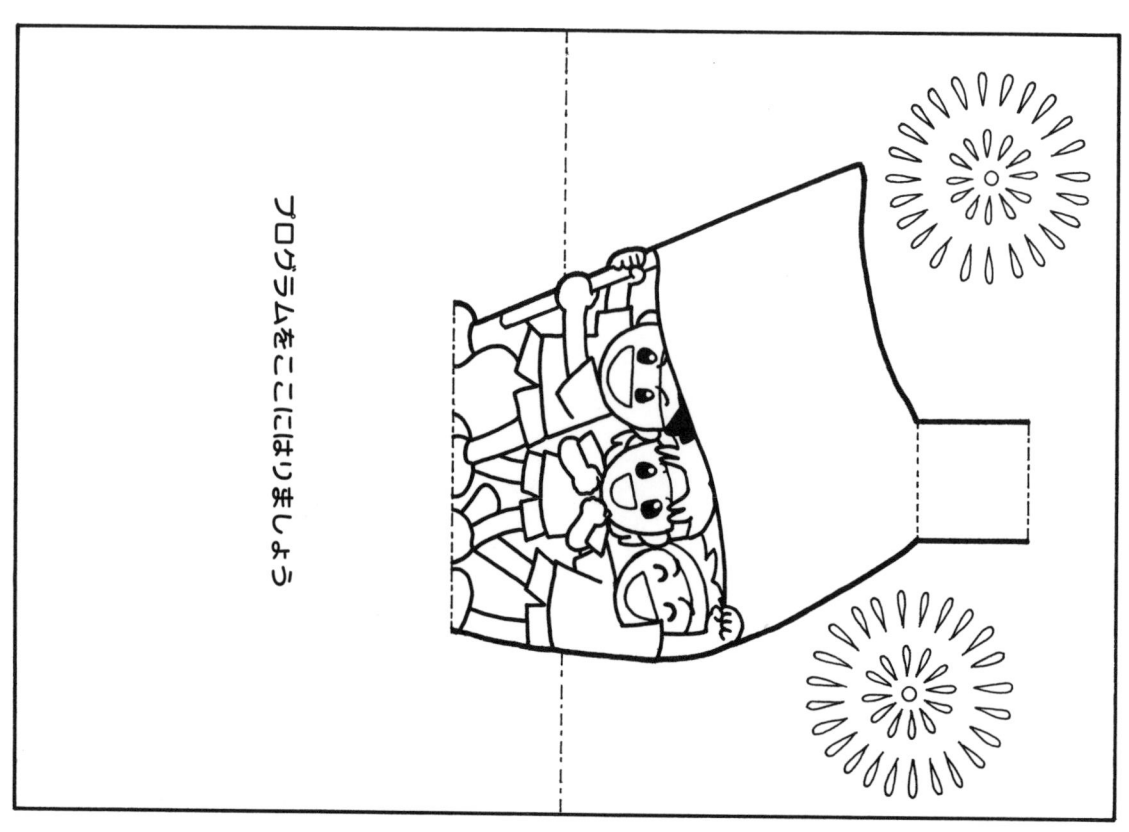

プログラムをここにはりましょう

プログラムをここにはりましょう

コピーしてつくれるグッズ型紙

ぼうし (p.49)

「お楽しみ会」他、運動会などいろいろな行事で使ってください。

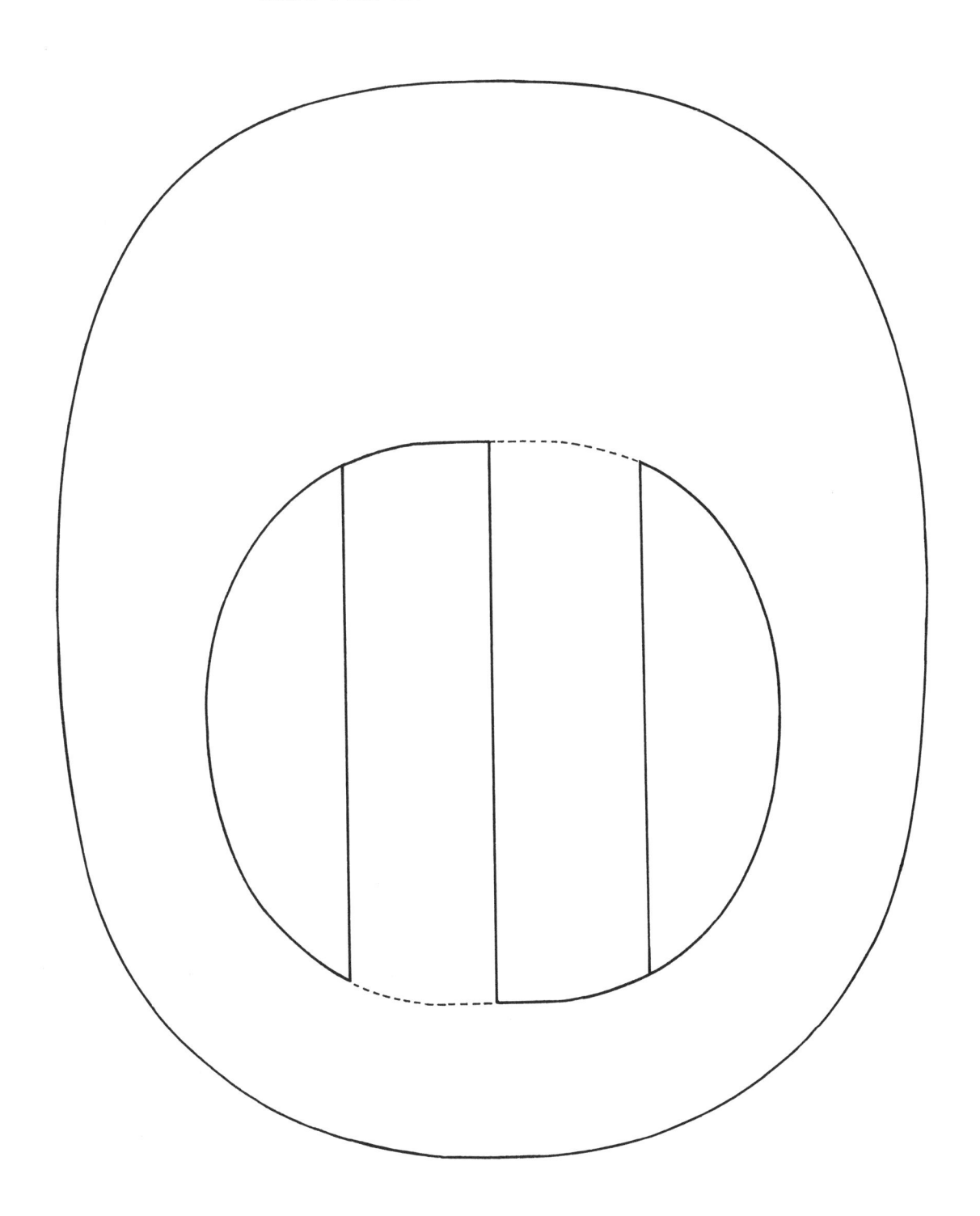

頭にあわせて拡大しよう。

コピーしてつくれるグッズ型紙

折り紙のインスタントお面 （p.81） 顔にあわせて拡大しよう。

おに

ウルトラマン

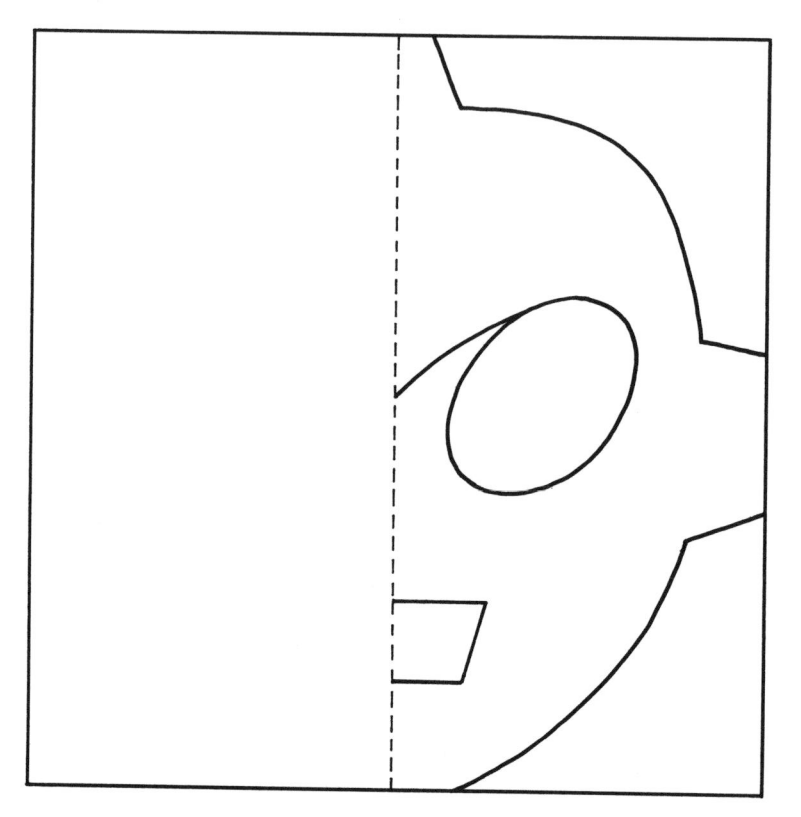

大型ゆらゆらおに (p.86)

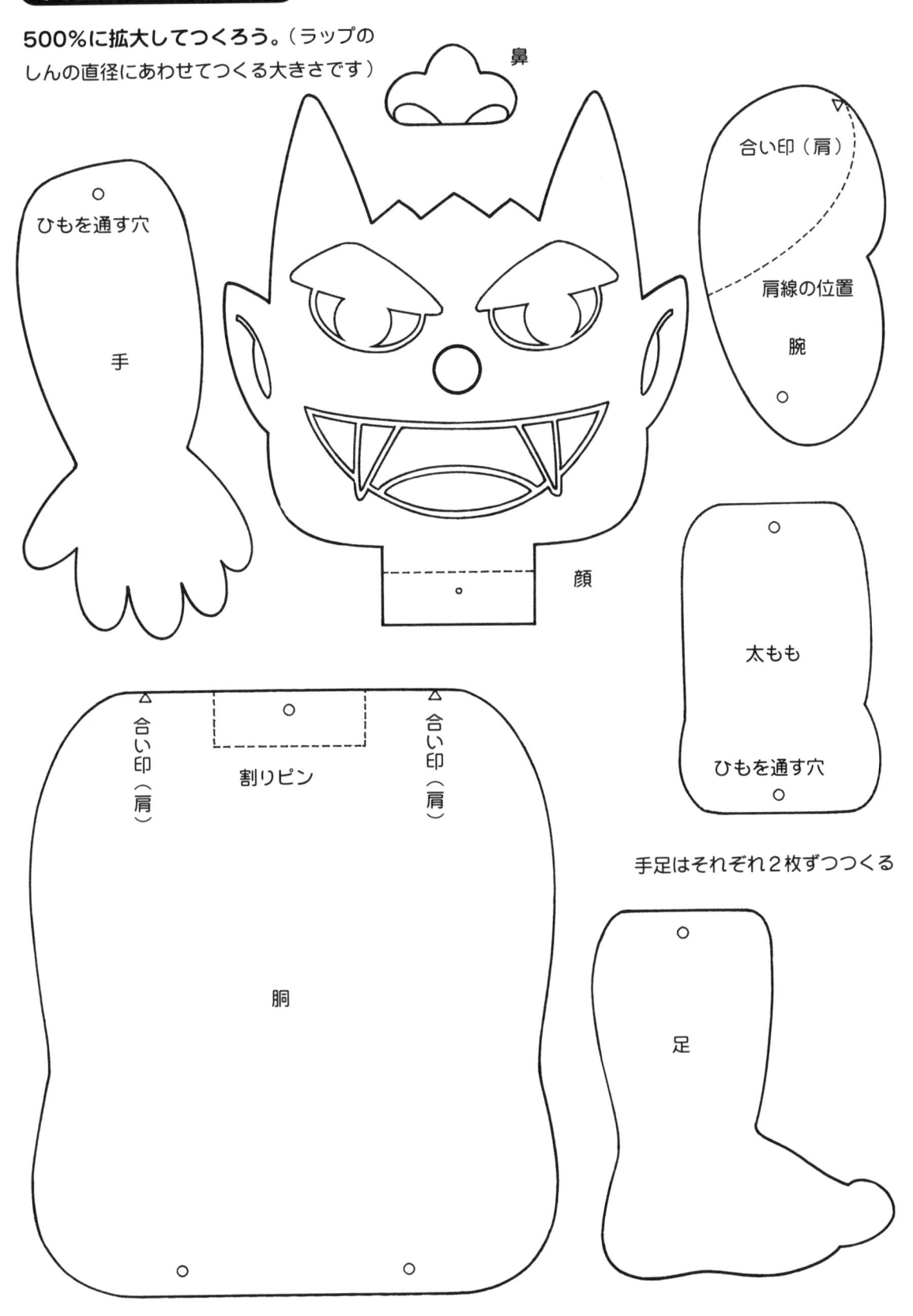

500%に拡大してつくろう。(ラップのしんの直径にあわせてつくる大きさです)

鼻

ひもを通す穴

手

合い印(肩)

肩線の位置

腕

顔

太もも

ひもを通す穴

合い印(肩)

割りピン

合い印(肩)

胴

手足はそれぞれ2枚ずつつくる

足

コピーしてつくれるグッズ型紙

編著者紹介（あいうえお順）

●

木村　研
1949年　鳥取県生まれ

現在
児童文学作家　日本児童文学者協会会員
あめんぼ同人　子どもの教育と文化研究所所員

著書
『一人でもやるぞ！と旅に出た』『おねしょがなおるおまじない！』
『おしっこでるでる大さくせん！』（いずれも　草炎社）
『999ひきのきょうだい』（ひさかたチャイルド）『わすれんぼうのぼう』（草土文化）
『子育てをたのしむ手づくり絵本』（ひとなる書房）
ゆびあそびシリーズ『⑤チラシであそぶ』『⑥割りばしであそぶ』
『⑦紙コップであそぶ』『⑧水であそぶ』（いずれも　星の環会）
『手づくりおもちゃ＆遊び ワンダーランド』
『室内遊び・ゲーム ワンダーランド』
『手づくりあみ機で楽しむ　あみもの＆プレゼントグッズ』
『ペットボトル＆牛乳パック おもしろ工作ランド』〈共著〉
『バラエティーカット集①給食＆保健カット』〈監修〉（いずれも　いかだ社）など

坂田由紀子
保育士。千葉県松戸市立北松戸保育所勤務。
イラストに『父母がよろこぶ園だより・クラスだより　イラストカット集①②』（ひとなる書房）

笹川妙子
保育士。千葉県松戸市立北松戸保育所勤務。日本画・さし絵・イラスト等を勉強中。
イラストに『バラエティーカット集①給食＆保健カット』（いかだ社）
『父母がよろこぶ園だより・クラスだより　イラストカット集①②』（ひとなる書房）
ゆびあそびシリーズ『⑨折ってあそぶ』（星の環会）など。
また、『手づくりあみ機で楽しむ　あみもの＆プレゼントグッズ』（いかだ社）に執筆協力。

田中千恵子
元保母。現在、自主保育サークルの保母を勤める。水墨画講師。あめんぼ同人。
児童文学作品に「全員参加で完走だ」（同人誌に発表）など。
また、『手づくりおもちゃ＆遊び ワンダーランド』
『手づくりあみ機で楽しむ　あみもの＆プレゼントグッズ』（いずれも　いかだ社）に執筆協力。

和田晶子
自主保育サークルの保母。あめんぼ同人。
児童文学作品に「16階のサンタクロース」（『みんなのねがい』98年12月号。全国障害者問題研究会）
「もりのホットケーキやさん」（『にこにこがくしゅう』91年12月号。学研）
「海をみていた牛」（同人誌に発表）など。
また、『手づくりあみ機で楽しむ　あみもの＆プレゼントグッズ』（いかだ社）に執筆協力。

イラストをかいた人たち（あいうえお順）
●
あかまあきこ
いなみさなえ
今井亜美
岩崎美紀
上田泰子
かねこひろこ
桜木恵美
早川由美子
藤田章子

カバーイラスト
●
早川由美子

ブックデザイン
●
渡辺美知子デザイン室

こまった時の クラスと行事のための 手づくりグッズ

2000年 4月16日第1刷発行
2002年11月30日第2刷発行

編著者●木村　研©
発行人●新沼光太郎
発行所●株式会社いかだ社

〒102-0072 東京都千代田区飯田橋2-4-10 加島ビル
Tel. 03-3234-5365　Fax. 03-3234-5308
振替・00130-2-572993
印刷・製本　株式会社ミツワ

乱丁・落丁の場合はお取り換えいたします。
ISBN4-87051-089-8

●いかだ社の本

バラエティーカット集 全3巻 ❶給食&保健カット ❷春夏秋冬草花カット ❸スーパー立体カット
B5判各96ページ 定価各（本体1800円+税）

使い方いろいろデザイン・カット集 全3巻 ❶春夏ランド ❷夏秋ランド ❸秋冬ランド
B5判各128ページ 定価各（本体1800円+税）

中学校&小学校高学年デザイン・カット集 全3巻 ❶春夏ランド ❷秋冬ランド ❸冬春ランド
B5判各112ページ 定価各（本体1800円+税）

室内遊び・ゲーム ワンダーランド いつだって楽しめちゃうベスト92
木村 研編著　A5判176ページ 定価（本体1800円+税）

手づくりおもちゃ&遊び ワンダーランド だれでもつくれて遊べる 100プラス発展11
木村 研編著　A5判208ページ 定価（本体1800円+税）

紙のおもちゃランド つくって楽しい 遊んで楽しいベスト79
すずお泰樹編著　A5判176ページ 定価（本体1800円+税）

ペットボトル&牛乳パック おもしろ工作ランド 空き容器がオリジナルグッズに大変身！
すずお泰樹・木村 研編著　A5判96ページ 定価（本体1300円+税）

雑草からカードづくり ワンダーランド 紙のやさしいつくり方
木村光雄編著　A5判96ページ 定価（本体1300円+税）

手づくり貯金箱 おもしろ工作ランド かざりがかわいい！ しかけが楽しい！
すずお泰樹編著　A5判96ページ 定価（本体1300円+税）

ねんど・古新聞でつくる手づくり貯金箱 おもしろ工作ランド 動物、たべもの、ほかにもいっぱいいろんな形をつくってみよう
井上征身編著　A5判96ページ 定価（本体1300円+税）

ダンボール おもしろ工作ランド 小さいの大きいの、いろいろあるよ楽しいおもちゃ
すずお泰樹編著　A5判96ページ 定価（本体1300円+税）

古代体験BOOK 縄文土器をつくろう きれいな文様の焼きものにちょうせん！楽しいオリジナル土器もあるよ
いのうえせいしん編著　A5判96ページ 定価（本体1300円+税）

まるごと小学校1年生学級担任BOOK 年間の指導ポイントがよ～くわかる
奥田靖二編著　A5判152ページ 定価（本体1800円+税）

まるごと小学校2年生学級担任BOOK 学習と学級運営のポイントがよ～くわかる
奥田靖二編著　A5判152ページ 定価（本体1800円+税）

まるごと小学校5年生学級担任BOOK 高学年の年間指導ポイントがよ～くわかる
奥田靖二編著　A5判152ページ 定価（本体1800円+税）

まるごと小学校運動会BOOK 子どもがよろこぶ楽しい種目がいっぱい！
黒井信隆編著　A5判192ページ 定価（本体1800円+税）

まるごと小学校展覧会BOOK つくる・飾る・みる みんなで楽しむ作品展
奥田靖二編著　A5判152ページ 定価（本体1800円+税）

みんなで遊ぼう12カ月 全校・学年集会ランド 学級でももちろんOK！年間のスケジュールもバッチリ
奥田靖二編著　A5判176ページ 定価（本体1800円+税）

学級担任ライブラリー学級の遊び・ゲーム ワンダーランド 授業や行事にも役立つベスト50
奥田靖二編著　A5判128ページ 定価（本体1400円+税）

体育遊び・ゲーム ワンダーランドPART.1／PART.2
黒井信隆編著　A5判192ページ（PART.1）／152ページ（PART.2） 定価各（本体1800円+税）

水遊び&水泳 ワンダーランド スイスイ遊べて泳げちゃうベスト81
黒井信隆編著　A5判176ページ 定価（本体1800円+税）

劇遊び ワンダーランド 子どもの表現がどんどん豊かになるベスト55
北島尚志編著　A5判192ページ 定価（本体1800円+税）

キャンプ&野外生活 ワンダーランド 準備からテクニックまでだいじなことがよくわかる
神谷明宏・柴田俊明編著　A5判192ページ 定価（本体1800円+税）

遊び・ゲーム ワンダーランド 楽しさいっぱい100プラス8
奥田靖二編著　A5判224ページ 定価（本体1800円+税）

クラスづくり・なかまづくりに役立つ 学校の歌&遊び SONGLAND
井上伸子編著　B5判112ページ 定価（本体1800円+税）